Wolfgang Lück und Regina Stephan (Hg.)

Unterwegs in die Moderne

Friedrich Pützers (1871–1922) Bauten, Straßen, Plätze in Darmstadt

Wolfgang Lück und Regina Stephan (Hg.)

Unterwegs in die Moderne

Friedrich Pützers (1871–1922) Bauten, Straßen,
Plätze in Darmstadt

Mit Fotografien des 12. Darmstädter Stadtfotografen
Vitus Saloshanka

Ein Projekt der Werkbundakademie Darmstadt

Manfred Efinger
Kanzler der Technischen Universität Darmstadt

Grußwort

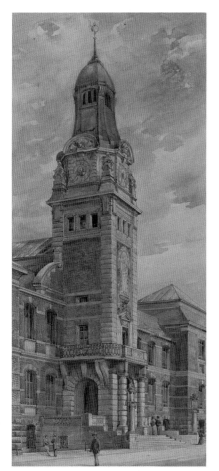

Friedrich Pützer, Aquarell des Uhrturms der TH Darmstadt, ausgestellt in der Großen Berliner Kunst-Ausstellung 1904

Liebe Leserschaft,

wir haben den Architekten, Hochschullehrer und Denkmalpfleger Friedrich Pützer wiederentdeckt. Eigentlich war er nie wirklich weg und durch seine Bauten und stadtplanerischen Arbeiten der vergangenen 100 Jahre immer in unserem Stadtbild präsent. Doch sein Leben und umfassendes Werk blieben lange unerforscht. Dies und die Sanierung seines Erweiterungsbaus für die Elektrotechnik – den sogenannten Uhrturm – haben wir 2015 an der Technischen Universität (TU) in Darmstadt zum Anlass genommen, einen genaueren Blick auf Pützer zu werfen. Die Ergebnisse wurden nicht nur in einer Ausstellung in der Kunsthalle Darmstadt präsentiert, sondern auch festgehalten im Begleitkatalog *In die Umgebung hineingedichtet* (hrsg. von Regina Stephan). Genauer hinzusehen, das ist auch die Aufgabe der Darmstädter Stadtfotografen. Seit beinahe 20 Jahren erhalten sie auf Einladung der Werkbundakademie Darmstadt den Auftrag, die Wissenschaftsstadt zu erkunden und uns bekannte Orte aus einer ganz neuen oder ungewohnten Perspektive vor Augen zu führen. Vitus Saloshanka hat sich als 12. Stadtfotograf auf Spurensuche begeben und zeigt uns seinen persönlichen Blick auf Pützers Werke.

2018 präsentierte das Kunstforum der TU Darmstadt die Fotografien der 11. Stadtfotografin Anna Lehmann-Brauns in der Ausstellung *Blick von außen* und der erste Stadtfotograf Marcus Düdder setzte sich intensiv mit den Gebäuden der TU Darmstadt auseinander. Es besteht also schon lange und immer wieder eine Verbindung zwischen der TU und den Stadtfotografen sowie der Werkbundakademie. Für die gute Zusammenarbeit möchte ich mich ausdrücklich bedanken. Mein Dank gilt auch allen, die an dieser Dokumentation mitgewirkt haben.

Ich wünsche Ihnen viel Vergnügen bei der Lektüre und der Wiederentdeckung des bedeutenden Architekten Friedrich Pützer!

Jula-Kim Sieber DWB
1. Vorsitzende der Werkbundakademie Darmstadt

12. Darmstädter Stadtfotograf im Dialog

Projektionen innovativer Ideen in die Landschaft gedichtet, nach einem Jahrhundert wieder nachempfunden und in malerischen Fotografien vor aktuellem Kontext neu entdeckt. Vitus und Friedrich in einem Buch – dank Werkbundakademie.

Vitus Saloshanka, 12. Darmstädter Stadtfotograf, lässt Zeit als überbedeutsamen Faktor in seine Fotografien einfließen und findet so seinen Weg, Friedrich Pützer nahezukommen: dem Architekten und Hochschullehrer, Denkmalpfleger und Begründer der Städtebaulehre an der damaligen Technischen Hochschule (der heutigen TU) in Darmstadt, überregional anerkannten Kirchenbaumeister, der seine Bestätigung 1914 auf der Kölner Werkbundausstellung fand, wo er den reformierten *evangelischen Kirchenraum mit Taufraum und Sakristei* ausstellte. Seine Fotografien treten in einen Dialog mit Pützers fotografischem Nachlass. Die in diesem Buch erstmalig veröffentlichten Fotografien aus der Fotosammlung Windeck dokumentieren seine Sicht auf seine Bauten. Ihre Publikation großzügig ermöglicht haben uns die Familie Windeck, seine Nachfahrenschaft und das Hochschularchiv der IU Darmstadt.

Die Werkbundakademie Darmstadt lobt seit 2001 den Kunstpreis „Darmstädter Stadtfotograf*in" aus, den ersten visuellen Stadtschreiber bundesweit. Mittlerweile werden zum vierten Mal die prämierten Stadtfotografien, durch wissenschaftliche Texte ergänzt, vom Verlag jovis veröffentlicht.

Dieses Jahr, 2021, vergibt die Werkbundakademie zusätzlich und erstmalig den Kunstpreis „RegionalGestalt RheinMain". Damit soll der Weg hin zur Weltdesignhauptstadt Frankfurt RheinMain jedes Jahr um freigeistige, künstlerische Interpretationen der Region RheinMain bereichert werden. Wir wollen uns erlauben, unsere Region zu atmen, zu fühlen, zu denken, ja, sie gar in die Zukunft zu projizieren – vielfältig, versteht sich, und ausdauernd.

»Fotografie ist eine Lüge. Im Endeffekt nehme ich, was am schönsten ist.«
(Vitus Saloshanka)

Die Jurymitglieder Brita Köhler, Alexandra Lechner, Wolfgang Lück, Celina Lunsford, Kris Scholz, Regina Stephan und Marco Wittkowski wurden von Vitus' malerischen Fotografien überzeugt. Für ihn klingt dies schmeichelhaft, da Fotografie heutzutage inflationär ist; Gemälde beinhalten für ihn aber das Prädikat „Tradition, die die Kraft des Visuellen lebt". Ohne sie gibt es kein Weiterkommen, sprich: Sie überdauern. Die Macht der Bilder besteht darin, dass wir darstellen, was wir empfinden – ohne Worte. So also geht es Vitus um die intime Erfahrung, den Alltag auszublenden und sich mit dem Existenziellen auseinanderzusetzen: das Licht durchs Fenster – das ist Magie! Eine Innenschau mit Gänsehaut, angeregt von den Fluiden Licht und Stille. Dann ist der Kopf klarer.

Im Endeffekt ist eine weiche, durchdringende Stimmung in den Entwürfen Pützers genauso zu empfinden wie in den Fotografien Saloshankas. Der Unterschied ist, dass es sich bei Friedrich um eine realisierte Projektion handelt und bei Vitus um eine Perspektive, die im Nachgang erahnt wird. Verständnis wächst, wenn man Abstand hat. Dazu muss Vitus aber im Vorfeld eintauchen, verweilen und auf sich wirken lassen. Schönheit ist das Schlüsselwort, eine Erfahrung, die uns verändert.

»Der Architekt hat seine Empfindungen in die Realität projiziert.
Als Fotograf nehme ich diese Empfindungen und halte sie fest. Es ist ein
Kreis, ein Zyklus. Pützers Empfindungen sollten wir in den Fotografien
erkennen. Das ist eine enorme Herausforderung. Ich bin da bescheidener.
Es ist für mich ein Versuch, seine Empfindungen auch so wahrzu-
nehmen. Ich kann aber danebenliegen. Zumindest soll man angeregt
werden, länger zu schauen, zu verweilen in diesem Raum, und vielleicht
beginnen, sich vorzustellen ... «

Architektur ist das Abbild einer Idee in einem Kopf. Fotografie ist das Abbild einer Realität in einem Raum zu einer Zeit. Es ist abgelichtet und trotzdem nicht im Licht. Das ist das Geheimnis. Die Form ist das Visuelle. Es stellt sich die Frage, ob man noch einmal hinschauen möchte – oder streift der Blick schnell vorüber? Dieser imaginäre Dialog, der beim Betrachten entstehen kann, das ist die Herausforderung. Vitus spricht von Kommunikation: Gedanken von innen nach außen tragen – aber verständlich. Man sieht nur das, was man sieht. Man weiß nicht, was davor, was danach oder was die Hintergründe sind. Wie geheimnisvoll, wie anziehend? Nichtsdestotrotz eine Gratwanderung zwischen den Empfindungen des Betrachters und den Empfindungen des Architekten. Der Fotograf übersetzt beziehungsweise hält den Moment fest und bestimmt, was abgelichtet wird. Was ist Wahrheit? Wie erkennen wir? Wie entsteht das Gefühl, dass es etwas Authentisches ist? Dass überhaupt etwas ankommt und wir nochmals hinschauen?

Vitus' Herangehensweise erinnert an Friedrichs, der als erster die Natur nachempfindet und daraus seinen künstlerischen Städtebau ableitet. Die Stadtteilstruktur ergibt sich aus der Landschaft und Straßen erwachsen aus bestehenden Wegen – sogar der Herdweg. Die Empfindsamkeit gegenüber und der Respekt vor dem Vorhandenen schaffen Authentizität. Empfindungen nachempfinden: Eine andere Perspektive einzunehmen, ist eine große Bereicherung. Friedrichs Entwürfe beeindrucken Vitus durch ihre kunstvollen Visualisierungen. Die großen und komplexen Zusammenhänge von Landschaft, Akzent – sprich Architektur – und Gesellschaft hatte Friedrich schon im Blick und visualisiert. Vitus hofft, mit seinen Fotografien Friedrich Pützer – mehr als 100 Jahre später – dem Betrachter näherzubringen. Deshalb versucht er sich dem Objekt anzunähern, in es hineinzugehen, zu verweilen, zu versinken. Es ist eine ewige Suche. Kommt man aus der Ferne nah und näher, verflüchtigt sich die Idee, sobald man nah genug dran ist. Neuer Versuch von anderer Seite ...

Präsent sein. Ein Zwischenraum, ein Spannungsfeld zwischen Ferne und Nähe, Damals und Jetzt. Ein paar Schritte nach rechts, links oder zurück und alles ist anders. Man ist beunruhigt! Wo ist es besser? Richtig? Im Grunde ist es nie richtig, denn es geht nur um eine Empfindung, und die muss man erfühlen. Ein längerer Prozess von Unsicherheiten, Zweifel; zwei Augen blicken in den Raum, sehen eine Perspektive. Es muss reifen. Dann der Blick durch die Kamera: Alle technischen Aspekte scheinen gelöst, jetzt sind da nur noch Landschaft, Licht, Jahreszeit sowie das gute Gefühl, abzudrücken, denn ja, ich habe den Ort ausreichend gesehen, erlebt, empfunden.

»Diese Aufregung macht mich lebendig.«

Es ist sein Anspruch, diese Empfindungen zum Betrachter überspringen zu sehen – ein Dialog entsteht.

Wolfgang Lück und Regina Stephan

Vorwort der Herausgeber

Friedrich Pützer rückt erst seit wenigen Jahren wieder in unser Bewusstsein – durch alltäglichen Gebrauch vertraut sind seine Werke den Darmstädtern dagegen seit über 100 Jahren: der Hauptbahnhof, die Villen auf der Mathildenhöhe, die Bauten für die Technische Hochschule (TH) in Darmstadt und die Firma Merck, die Kirchenneu- und Kirchenumbauten, die Anlage des Paulusviertels. Sie alle gehören zum architektonischen Schatz der Zeit um 1900, die wie kaum eine Zeit zuvor Darmstadt prägte. Nur der Zweite Weltkrieg hatte einen noch größeren Einfluss auf die Stadt als die Zeit von Großherzog Ernst Ludwig. Doch während jene von Aufbruch und Erneuerung geprägt war, brachte das „Dritte Reich" der Stadt tausendfachen Tod und sehr schwere Zerstörungen – vor allem in der Innenstadt, die zu 78 Prozent zerstört war, aber auch in den Stadtbezirken kam es zu unwiederbringlichen Verlusten an Bausubstanz.

Zentrale Werke Pützers blieben zum Glück erhalten, erlittene Schäden konnten repariert werden. So können wir uns mit seinem Werk direkt auseinandersetzen und uns den Antworten auf viele Fragen annähern: Was sagt es uns heute? Über seine Architektur? Über seine Vorstellungen von Leben und Arbeiten? Die Rolle von Ornament und Farbe? Den Freiraum? Das Verhältnis von Architektur und bildender Kunst?

Manchmal ist es gut, wenn der Blick auf Vertrautes von außen gelenkt wird. Der frische Blick öffnet die Augen, zeigt, was man im Unterbewussten in sich trägt, aber sich eben nie bewusst macht. Vitus Saloshanka gelingt es nachdrücklich, unsere Blicke auf Pützers Bauten in ihrer Einbettung in Natur und Landschaft, städtebaulicher Umgebung und Nachbarschaften zu lenken. Wir nehmen sie neu wahr und erkennen so ihre besonderen Qualitäten. Es erfordert Zeit und Konzentration, Ausdauer und exzellente künstlerische und technische Fertigkeiten, um Fotografien dieser besonderen Art und Weise erstellen zu können. Wir sind uns sicher, so haben die wenigsten Leser die vertrauten Orte in Darmstadt je wahrgenommen. Es ist der Blick des Fotografen, der sich dem Werk eines anderen Künstlers annähert. Doch was war dem Architekten selbst wichtig? Diese Frage beantworten Fotografien seiner Bauten, die Pützer zum Teil selbst beauftragt, gesammelt und seinen Nachfahren hinterlassen hat. Sicher hat er den Fotografen angeleitet, bestimmt, aus welchem Winkel er den Bau und welche Innenräume er zu fotografieren hat. Nichts ist bei diesen Fotografien Zufall. Dafür hat ihre Erstellung viel zu lange Belichtungszeiten erfordert. Es sind keine Schnappschüsse, sondern genauestens komponierte, stimmungsvolle Fotografien. Sie ziehen uns in ihren Bann, eben weil auch sie Vertrautes neu zeigen: den Hauptbahnhof, vor dem Motorkutschen warten, während sich in üppig ausgestatteten Wartesälen Passagiere die Zeit vertreiben; die Straßen auf der Mathildenhöhe und im Paulusviertel, bei denen uns ins Auge sticht, wie anders Straßenräume wirken, wenn keine Autos am Straßenrand geparkt sind; die einfache Dorfstraße in Affolterbach, die noch ganz bäuerlich schlicht und klar aussieht; das berückende Ensemble der Pauluskirche nebst Pfarr- und Küsterhaus; die Anfang der 1970er-Jahre abgerissene, wie gewachsen wirkende Arbeitersiedlung Merck und vieles mehr.

Versucht man zu erfassen, was alle diese Bauten, Ensembles und städtebaulichen Anlagen eint, so ist es das Ankommen und Verweilen, die Liebe zum Detail und zu handwerklicher Präzision.

Die beiden Künstler in einen fotografischen Dialog treten zu lassen, war nicht von Anfang an geplant. Die Idee entwickelte sich erst im Laufe unserer Arbeit. Wir sehen in ihr einen spannenden Beitrag zur Architekturdebatte in dieser Stadt der Architekten. So vieles kann man von Pützers Wirken lernen, nach 100 Jahren, das zeigen uns vor allem Saloshankas eindrucksvolle Bilder: ankommen und verweilen in einem Stadtraum, der atmet und beschützt.

Darmstadt, im März 2021

Der Mensch Pützer

Porträt Friedrich Pützer, o. D., Fotograf W.(ilhelm) Weimer,
Darmstadt

Regina Stephan

Friedrich Pützer – »Architekt, Professor, Geh. Baurat, Dr. Ing.«[1]

[1] Überschrift des Lebenslaufs Friedrich Pützers
aus der Sammlung August Buxbaum, Universitätsarchiv der Technischen Universität Darmstadt.

[2] „Trauerfeier für Geh. Baurat Pützer", in:
Politisches Tageblatt, 13.02.1922, Transkript
im Universitätsarchiv der Technischen Universität Darmstadt, S. 1.

Die evangelische Pauluskirche in Darmstadt war am 13. Februar 1922 Schauplatz der Trauerfeier für den 52-jährig verstorbenen Friedrich Pützer. Dass diese in seinem Hauptwerk
stattfinden konnte, war eine besondere Ehrerbietung gegenüber dem Architekten. Zu
jener Zeit stellten Katholiken in Darmstadt eine kleine Minderheit dar, und es war absolut
unüblich, dass in einer evangelischen Kirche Angehörige der katholischen Kirche am Gottesdienst teilnahmen und umgekehrt. Für den Katholiken Pützer jedoch fand eine pracht-
volle, den Kirchenraum vollständig ausfüllende Trauerfeier statt, an der „Vertreter der
Behörden, des [evangelischen, Anm. RS] Oberkonsistoriums, die Dozenten- und Studenten-
schaft der Hochschule und zahlreiche Gäste aus allen Kreisen der Bevölkerung" teilnahmen.
Die „dankbare Stadt [hatte sie] feierlich und des großen Toten würdig schmücken lassen."[2]
Die zeitgenössische Schilderung der Trauerfeier zeigt: Pützer hatte sich offenbar durch sein
vielfältiges Wirken für Darmstadt und Hessen sehr verdient gemacht.

Trauerfeier für Friedrich Pützer in der Pauluskirche Darmstadt, 1922

Geboren 1871 in Aachen als Sohn eines Realschuldirektors, deutete zunächst nichts darauf hin, zu welch prägender Persönlichkeit für Architektur und Städtebau im Großherzogtum Hessen und bei Rhein er sich entwickeln würde. Das Studium der Architektur an der
Technischen Hochschule (TH) in Aachen, vor allem aber das Arbeiten in den Ateliers der
dortigen Professoren Karl Henrici – einer der führenden Städtebaulehrer des ausgehen-
den 19. Jahrhunderts – sowie Ludwig Schupmann und Georg Frentzen legte hierfür ab
1889 die entscheidenden Grundlagen, auf denen er dann aufsetzen konnte, als er 1897
als Assistent an die TH Darmstadt wechselte. Dort gab es in den 1890er-Jahren unter
den Architekturprofessoren bereits einen Aachener Cluster, Architekten, die allesamt an
der TH Aachen studiert hatten und sich aus dem Aachener Akademischen Architektenverein kannten: darunter Georg Wickop, Ernst Vetterlein, Heinrich Walbe und eben Friedrich Pützer.[3]

Pützer kam 1897 in eine Stadt im Aufbruch, dessen Initiator der Großherzog selbst war.
1868 geboren, war Großherzog Ernst Ludwig von Hessen und bei Rhein nur wenig älter
als Pützer und all die anderen jungen Architekten und Künstler, die er nach Darmstadt
holte, auf dass sein „Hessenland blühe und in ihm die Kunst". Seine Regierungszeit ab 1892,
als er 23-jährig Großherzog wurde, nutzte er für eine umfassende Industrialisierung und
Modernisierung seines mittelgroßen Landes – der Infrastruktur, der Architektur und des
Städtebaus, des Kunstgewerbes. Doch was hieß in dieser Zeit Modernisierung? Bei der
Infrastruktur ist dies unstrittig: Versorgung aller Stadtgebiete mit fließend Wasser, Gas und
Strom, Straßen- und Eisenbahnbau.[4] Und in der Architektur?

Die Architekturdebatte der Zeit um 1900 war geprägt von mehreren Strömungen, die miteinander in Wettbewerb standen. Da gab es etwa den Eklektizismus, der seit der Mitte des
19. Jahrhunderts aus dem reichen Formenschatz der historischen Architekturen schöpfte
und durch einen freien Mix unterschiedlicher Stilelemente vor allem an repräsentativen

[3] Sandra Wagner-Conzelmann: „Die gemein-
same Hochschularbeit war doch eine Erzie-
hung fürs Leben". Friedrich Pützers Studium
und Tätigkeiten in Aachen", in: Regina
Stephan (Hg.): „in die Umgebung hineingedichtet". Bauten und Projekte des Architekten,
Städtebauers und Hochschullehrers Friedrich
Pützer (1871–1922). Baunach 2015, S. 12–17,
hier: S. 15f.
[4] Siehe hierzu Dieter Schott: Die Vernetzung
der Stadt. Kommunale Energiepolitik und
öffentlicher Nahverkehr und die „Produktion"
der modernen Stadt Darmstadt – Mannheim –
Mainz 1880–1918. Darmstadt 1899.

[5] Zitiert nach Annegret Holtmann-Mares: „Ein Leben für die akademische Jugend. Friedrich Pützer als Hochschullehrer an der technischen Hochschule Darmstadt", in: Stephan 2015, S. 18–27, hier: S. 21.

[6] „Trauerfeier", in: *Politisches Tageblatt* 1922, S. 2.

[7] Siehe hierzu Holtmann-Mares 2015, S. 18.

[8] Ein großartiges Beispiel seiner Stadtbaukunst war die an der Frankfurter Chaussee gelegene, heute vergessene, weil 1970 abgerissene Arbeitersiedlung Merck (1903–1906). Siehe hierzu Claudia Dutzi: „Die Arbeitersiedlung Merck in Darmstadt, 1903–1906", in: Stephan 2015, S. 112–115.

[9] Siehe hierzu Annegret Holtmann-Mares/ Mona Sauer: „Werkverzeichnis Friedrich Pützers", in: Stephan 2015, S. 164–167.

Friedrich Pützer, o.D.

Gebäuden Neues schuf. Dagegen wandten sich zwei gleichauf liegende starke Strömungen: eine, die den Blick zurück auf die echte, autochthone Architektur warf und daraus Kraft für Neues sog, ohne die historischen Gebäude wortwörtlich nachzubauen – heute benannt als Heimatstil oder moderate Moderne. Und es gab die radikal Neues Suchenden des Jugendstils in seinen verschiedenen Ausprägungen.

In Darmstadt versammelte der Großherzog junge aufstrebende Architekten, die die unterschiedlichen Richtungen vertraten, in der Künstlerkolonie und in der TH. Wie unter einem Brennglas wurden zwischen 1895 und 1914 alle Fragen der aktuellen Architekturdebatte an exemplarischen Bauten und Anlagen Darmstadts durchexerziert.

Friedrich Pützer legte einen glänzenden Start an der TH hin, wurde bereits 1898 habilitiert und zum Privatdozenten, zwei Jahre später zum außerplanmäßigen und 1902 zum ordentlichen Professor ernannt – also just in den Jahren, in denen die Künstlerkolonie Darmstadt auf der Mathildenhöhe unter ihrem Leiter Joseph Maria Olbrich die erste Künstlerkolonieausstellung *Ein Dokument Deutscher Kunst* vorbereitete und präsentierte. Während die Künstlerkolonie den Jugendstil zur Blüte führte, war Pützer sowohl als planender Architekt als auch als Hochschullehrer tätig. Er brachte seine praktischen Erfahrungen in die Lehre ein, um die Studierenden auf die Herausforderungen und Probleme in der Praxis vorzubereiten. Dabei ging er so weit, das „Studium schlechter Beispiele"[5] in der Lehre zu nutzen, um bessere Lösungen entwickeln zu lassen.

Heinrich Walbe, sein Kollege an der TH, schilderte Pützers Lehre wie folgt: „Denn was lehrte er? Er lehrte vor allem die Geschichte der Baukunst. Er[,] der so gern der Kunst neue, freiere Wege in vernünftig maßvoller Weise ebnen half, der stets bemüht war, seinen Werken neue Gestaltung zu geben, neue Gedanken zu Erscheinung zu bringen, der Gegenwart ihr Recht zu verschaffen, er lehrte, er beherrschte wie kaum ein anderer das Vergangene in der Kunst. Lassen Sie es sein Vermächtnis sein, daß nur aus wirklicher Vertrautheit mit der Vergangenheit, aus wahrer geschichtlicher Bildung heraus gutes Neues erwachsen kann."[6] Deutlich macht diese Schilderung, dass für Pützer die genaue Kenntnis der historischen Architektur die Basis seines Schaffens war, sei es in Bauformen und -details, sei es bei der stadträumlichen Positionierung seiner Bauten oder dem von ihm praktizierten malerischen Städtebau, den er zum Beispiel im Paulusviertel realisieren konnte. Lehrveranstaltungen Pützers an der TH waren unter anderem „Einführung in die malerische Perspective" sowie „Künstlerische Fragen des Städtebaus", und damit ein neues Studienfach, bei dem er auf seine Kenntnisse aus des Lehre Henricis in Aachen zurückgreifen konnte.[7]

Sein reiches architektonisches Œuvre umfasst zahlreiche Großbauten – angefangen beim städtebaulich und architektonisch höchst komplexen Erweiterungsbau des Aachener Rathauses 1898 über den Uhrturm der TH, den Hauptbahnhof, die Bauten für die Firma Merck – alle in Darmstadt – und das Kreishaus in Hanau bis hin zu den Bauten für die optische Fabrik Carl Zeiss in Jena 1913–1917. Hinzu kommen mehrere städtebauliche Planungen, von denen das Paulusviertel 1900 und das Arbeiterviertel Merck 1903–1906, beide in Darmstadt, realisiert wurden.[8] Besonders erfolgreich war Pützer als Architekt von Wohnbauten – vom sogenannten Burghaus Ficht-Classen in Aachen bis zur Villa des Kommerzienrats Dr. Sachtleben in Krefeld (1909–1910). Er war ein viel beschäftigter Architekt, der sich an zahlreichen Wettbewerben beteiligte.[9]

Aufgrund seiner herausragenden bauhistorischen Kenntnisse wurde er 1902 zum Denk-malpfleger in der Provinz Rheinhessen ernannt.[10] 1907 gab er dieses Amt ab und wurde Kirchenbaumeister der Evangelischen Landeskirche. Als solcher war er verantwortlich für die Baumaßnahmen der Landeskirche – Neubauten wie Umbauten. Ein wesentlicher Teil seines Werks bezieht sich daher auf den Kirchenbau. Bei dieser Bauaufgabe kam es zu keiner ernst zu nehmenden Konkurrenz mit den Architekten der Künstlerkolonie – Joseph Maria Olbrich und Albinmüller –, ganz im Gegenteil: Diese leisteten zu dieser Bauaufgabe keine Beiträge. Pützer konnte bei diesen Bauten mit Künstlern der Kolonie wie etwa dem Gold- und Silberschmied Ernst Riegel kooperieren.

Im Bereich der öffentlichen Bauten kam es in Darmstadt jedoch zu offen ausgetragenen Konkurrenzen: um den Bau des Hallenbads 1905, den August Buxbaum für sich entscheiden konnte, und den Hauptbahnhof, mit dem Pützer beauftragt wurde, obgleich er nur den zweiten Preis errungen hatte. Beide Male hatte Joseph Maria Olbrich, der der Stadtkrone auf der Mathildenhöhe bis zu seinem frühen Tod 1908 seinen Stempel aufdrücken konnte, das Nachsehen.

Interessant ist dies deshalb, weil somit in Darmstadt ein Vergleich aktueller architekto-nischer Konzepte stattfand, befördert durch den Großherzog, genau beobachtet durch die lokale, überregionale und die Fachpresse. Keineswegs war es so, dass dem Großherzog allein die Künstlerkolonie am Herzen lag. Ganz im Gegenteil, er schenkte allen seine Gunst: den Künstlern und Architekten der Künstlerkolonie, den Professoren der TH und den freien Architekten.[11] Großaufträge des Staats erhielten Architekten der unterschiedlichen Strö-mungen. Darmstadt wurde um 1900 somit zu einem Experimentierfeld der Architektur.

Pützers unaufhaltsamer Aufstieg wurde gekrönt durch hohe Auszeichnungen sowie zahl-reiche Rufe an Stadtbauratsstellen und auf Professuren im ganzen Reich, die er jedoch allesamt ablehnte.[12] Als er 1908 sein Haus auf der Mathildenhöhe baute, platzierte er es genau gegenüber Olbrichs Häusergruppe Ganß und zwischen Metzendorfs Haus Kaiser und Wallots Haus Römheld.

Es war wie Olbrichs und Peter Behrens' nur wenige Meter entfernt stehende Häuser eine Kombination aus Wohnhaus für die Familie mit großen Empfangsräumen und Studio in einem großen Garten. Der erste Gast, der sich ins neu angelegte Gästebuch eintrug, war der Großherzog: „Ernst Ludwig, 21. Sept. 1909."[13] Weitere Eintragungen in seinem Gäs-tebuch zeigen die gute Vernetzung mit Kollegen, Nachbarn und den Honoratioren der Stadt. Sie lassen erahnen, dass er ein geselliger Mann gewesen sein muss.

Leider gibt es von ihm so gut wie keine privaten Notizen oder Berichte. Er war ganz offen-sichtlich mit dem Planen und Bauen, der Lehre und der Fürsorge für seine fünfköpfige Familie so sehr ausgelastet, dass ihm für das Verfassen von Texten keine Zeit blieb. Da er zudem vor der Zeit starb – mit nur 52 Jahren nach längerer Leidenszeit –, gibt es kein Alterswerk von ihm; und auch die Frage, wie er auf die neuen Lebensumstände und Ar-beitsbedingungen in der Weimarer Republik reagiert hätte, bleibt unbeantwortet. Von ihrer Innovationskraft und dem Boom im Siedlungsbau sowie der Großstadtarchitektur über-rollt, geriet sein Werk – wie auch das seines großen Mitbewerbers Olbrich um die Gunst des Großherzogs – in Vergessenheit.

[10] Siehe hierzu S. 69–71.

[11] Siehe hierzu Regina Stephan: „Die gebaute Architekturdebatte. Die Mathildenhöhe, der Großherzog und seine These von ,Ehrgeiz und Friktion'", in: Landesamt für Denkmalpflege Hessen (Hg.): *„Eine Stadt müssen wir erbauen, eine ganze Stadt!". Die Künstlerkolonie Darm-stadt auf der Mathildenhöhe* (Band 30 der Arbeitshefte des Landesamtes für Denkmal-pflege Hessen. ICOMOS – Hefte des Deutschen Nationalkomitees LXIV). Wiesbaden 2017, S. 190–200. Seite 196 zeigt ein Lageplan der Gebäude im Bereich der Mathildenhöhe mit Benennung der verantwortlichen Architekten.

[12] Siehe hierzu Regina Stephan: „Zeittafel", in: dies. 2015, S. 158–163.

[13] Das Gästebuch wird im Stadtarchiv Darm-stadt aufbewahrt.

Friedrich und Elisabeth Pützer mit den Töchtern Ortrud und Isolde, o.D. ca. 1907

[1] Max Guther: „Friedrich Pützer: Architekt –
Städtebauer – Hochschullehrer", in: Technische
Hochschule Darmstadt (Hg.): *Jahrbuch 1978/79.*
Darmstadt 1980, S. 7–28, hier: S. 7.

Wolfgang Lück

Kollegen an der Hochschule und Kooperationspartner Friedrich Pützers

An der Technischen Hochschule wie auch in der Stadt hatte Friedrich Pützer mit einer Reihe Kollegen und Kooperationspartnern zu tun. Einige von ihnen sollen hier kurz vorgestellt werden. Wie Pützer sind sie auch heute noch mit Arbeiten im Darmstädter Stadtbild präsent.

Friedrich Pützer kam 1897 nach Darmstadt an die Technische Hochschule (TH), „wo er nun Diener dreier Herren wird", schrieb Max Guther im TH-Jahrbuch 80 Jahre später, „nämlich Assistent der Professoren Erwin Marx (1841–1901), Karl Hofmann (1856–1933) und Georg Wickop (1861–1914) zugleich."[1]

[2] Vgl. Marianne Viefhaus: „Marx, Erwin", unter: https://www.darmstadt-stadtlexikon.de/m/marx-erwin.html (abgerufen: 14.03.2021); https://de.wikipedia.org/wiki/Erwin_Marx (abgerufen: 14.03.2021).

[3] Vgl. https://de.wikipedia.org/w/index.php?title=Karl_Hofmann_(Architekt)&oldid=197895674 (abgerufen: 26.05.2020); Marianne Viefhaus/Annegret Holtmann-Mares: „Hofmann, Karl", unter: https://www.darmstadt-stadtlexikon.de/h/hofmann-karl.html (abgerufen: 14.03.2021).

[4] Die Halle wurde 2011–2013 zu einem Hörsaal- und Seminargebäude umgebaut.

Erwin Marx (1841–1901) stammte aus Dresden, wo er von 1856 bis 1861 an der Polytechnischen Schule Bauingenieurwesen studierte. Danach arbeitete er als Landbauinspektor im sächsischen Staatsdienst in Dresden. 1873 wurde er auf die dritte Professur für Baukunst an der Polytechnischen Schule in Darmstadt berufen, jener Schule, die 1877 in Technische Hochschule Darmstadt umbenannt wurde und in den 1880er-Jahren einen deutlichen Aufschwung nahm. Insbesondere auch durch die Einrichtung des ersten Lehrstuhls für Elektrotechnik und dessen Besetzung durch Erasmus Kittler stiegen die Studierendenzahlen relevant, was wiederum zu Folge hatte, dass neue Gebäude errichtet werden mussten. Diese wurden beiderseits der Hochschulstraße geplant: Marx erhielt 1891 den Auftrag, die beiden Institutsgebäude für Elektrotechnik/Physik und für Chemie zu planen und auszuführen. Der Bau für Physik wurde 1895, der für Chemie 1896 fertiggestellt und ihr Architekt aufgrund seiner Verdienste bei diesen Bauten zum Geheimen Baurat ernannt. Auch sonst war er einer der prägenden Architekturprofessoren jener Jahre: Er war mehrfach Dekan der Abteilung für Architektur, 1886/87 auch Rektor der Hochschule. 1901 starb er nach schwerer Krankheit. Sein Nachfolger wurde ab 1902 Heinrich Walbe.[2]

Karl Hofmann (1856–1933), geboren in Herborn, studierte Architektur an der Bauakademie in Berlin und an der TH Wien. 1885 wurde er Spitalbaumeister, 1886 Stadtbaumeister und 1892 Dombaumeister in Worms, wo er für die städtebauliche Entwicklung und zahlreiche Bauten verantwortlich zeichnete. Die TH Darmstadt berief ihn 1897 zum Professor für Baukunst. 1898 wurde er zum Geheimen Oberbaurat und zum kommissarischen Vortragenden Rat in der Abteilung Bauwesen im Finanzministerium ernannt. Im Rahmen dieser Funktion konnte er die künstlerische Entwicklung der staatlichen und öffentlichen Bautätigkeit in ganz Hessen beeinflussen. Beispielsweise orientierten sich Hofmanns städtebauliche Vorstellungen an Camillo Sittes 1889 erschienener Publikation *Der Städtebau nach seinen künstlerischen Grundsätzen*. Darüber hinaus propagierter er die Beachtung regionaler Architekturtraditionen und die Verwendung heimischer Baumaterialien. 1897 legte er einen Bebauungsplan für die Mathildenhöhe vor. In Darmstadt baute er unter anderem das Neue Mausoleum auf der Rosenhöhe und das Amtsgericht am Mathildenplatz. Seine Leistungen wurden durch die Verleihung hessischer, sächsischer, russischer, Hannoveraner und preußischer Auszeichnungen gewürdigt.[3]

Der Aachener *Georg Wickop* (1861–1914) studierte an der TH Aachen Architektur und absolvierte von 1884 bis 1888 die Ausbildung zum staatlichen Regierungsbaumeister. 1884 arbeitete er als Regierungsbauführer und ab 1888 als Regierungsbaumeister in Köln. Er war von 1893 bis zu seinem Ruf an die TH 1895 in Wiesbaden tätig. Bereits 1899–1904 war er Dekan der Abteilung Architektur und setzte sich stark für eine inhaltliche und personelle Erneuerung ein, für die er bestehende Netzwerke nutzte: Hilfreich waren ihm etwa seine Bekanntschaften und Freundschaften aus dem Akademischen Architektenverein in Aachen. Wickop sorgte auch für die bauliche Erweiterung der Hochschule: Nach seinem Entwurf entstanden der Anbau eines Seitenflügels an den Hauptbau aufseiten des Herrengartens und die Maschinenhalle (1901–1904) in der Magdalenenstraße.[4]

Wickop baute für etliche Professorenkollegen Wohnhäuser, insbesondere im neu entstehenden Herdweg- oder Paulusviertel, und 1904–1906 die Synagoge in der Bleichstraße. Er war auch Mitglied im Denkmalrat Hessen-Darmstadt und Denkmalpfleger für die Provinz Starkenburg. 1908 beteiligte er sich mit Entwürfen für Arbeits- und Kinderzimmer an der Hessischen Landesausstellung auf der Mathildenhöhe. Wickop war erst 53 Jahre alt, als er 1914 einem Krebsleiden erlag.[5]

1897 kam *Ernst Vetterlein* (1873–1950) als Assistent von Aachen an die TH Darmstadt. Vetterlein wurde 1902 als einer der ersten beiden Ingenieure zum Dr.-Ing. promoviert, 1903 wurde er habilitiert, Privatdozent und 1905 zum außerplanmäßigen Professor ernannt. Bauten in Darmstadt hat er nicht hinterlassen. 1919 wurde er an die TH Hannover berufen. Die Aachener Fraktion aus Wickop, Pützer und Vetterlein wurde ab 1902 schließlich um Heinrich Walbe ergänzt.[6]

Heinrich Walbe (1865–1954) stammte gebürtig aus Lauban in Niederschlesien. Nach dem Abitur 1884 studierte er bis 1889 an der TH Aachen Architektur. In München leistete er den Militärdienst als Einjährig-Freiwilliger ab. Walbe strebte eine Beamtenlaufbahn an und absolvierte daher ein Referendariat als Regierungsbauführer in Bad Nauheim und Köln. Nach dem zweiten Staatsexamen war er zunächst als Assessor in Köln, später als Kreisbauinspektor in Sorau in der Lausitz und schließlich als Stadtbauinspektor in der Bauverwaltung von Halle/Saale tätig. 1896 wechselte er in das Büro Knoch & Kallmeyer in Halle.[7]

1902 wurde Walbe als Nachfolger von Erwin Marx ordentlicher Professor für Baukunst an der TH Darmstadt. Außerdem wurde Walbe 1902 zunächst kommissarisch, 1903 dann definitiv zum Denkmalpfleger der Provinz Oberhessen des Großherzogtums Hessen-Darmstadt berufen. 1907–1909 und 1920–1921 war er zudem Rektor der TH Darmstadt und 1913–1916 sowie 1928–1930 Dekan der dortigen Architekturabteilung. 1924 wurde er zum Denkmalpfleger des südlichen Teils der Provinz Starkenburg ernannt.[8] Seine berufliche Laufbahn beendete er aufgrund von Anfeindungen seitens der Nationalsozialisten im Frühjahr 1933 mit dem „Ersuchen" um die Versetzung in den Ruhestand. Walbes Leistungen wurden mehrfach gewürdigt. 1907 erhielt er das Ritterkreuz I. Klasse des großherzoglich-hessischen Verdienstordens. 1908 wurde er zum Geheimen Baurat ernannt. 1953 erhielt er das Bundesverdienstkreuz. Seiner Verdienste um den Kirchenbau wegen wurde ihm 1932 auf Antrag des Kirchenhistorikers Professor Gustav Krüger (1862–1940) die Ehrendoktorwürde der Theologischen Fakultät der Universität Gießen verliehen. Walbe war fast zeitgleich mit Friedrich Pützer an der Architekturabteilung der TH Darmstadt tätig. Seine Tätigkeit als Denkmalpfleger in Oberhessen wird zu einem guten Teil die Beschäftigung mit Kirchengebäuden beinhaltet haben. Als 1922 Pützer starb, scheint es nahe gelegen zu haben, Walbe zu dessen Nachfolger im Amt des Kirchenbaumeisters zu berufen. Die Liste der Bauten, deren Urheber Walbe ist, reicht vom Wasserturm Nord in Halle an der Saale über Wohnhäuser in Darmstadt und Umgebung, Kriegerdenkmäler, ein Verwaltungsgebäude für die Chemiefirma Merck, Gebäude für die TH Darmstadt bis zu Kirchbauten. Das 1908 auf der Mathildenhöhe in Darmstadt errichtete Wohnhaus war ein Musterhaus der dort laufenden Landesausstellung.[9]

Paul Meißner (1868–1939) stammte aus Eisleben.[10] Er studierte Baukunst an der TH Berlin-Charlottenburg bei Carl Schäfer (1844–1908), einem Vertreter des Historismus, dessen Mitarbeiter er von 1895 bis 1901 war. 1902 kam Meißner nach Darmstadt, weil er mit der

[5] Vgl. https://de.wikipedia.org/w/index.php?title=Georg_Wickop&oldid=184548132 (abgerufen: 27.05.2020); Marianne Viefhaus/ Annegret Holtmann-Mares: „Wickop, Georg", unter: https://www.darmstadt-stadtlexikon.de/w/wickop-georg.html (abgerufen: 14.03.2021).

[6] Vgl. Guther 1980, S. 10.

[7] Vgl. https://de.wikipedia.org/w/index.php?title=Heinrich_Walbe&oldid=182609729 (abgerufen: 14.02.2019).

[8] Vgl. „Walbe, Heinrich Rudolf", unter: https://www.lagis-hessen.de/pnd/117115878 (abgerufen: 21.01.2019).

[9] Vgl. https://de.wikipedia.org/w/index.php?title=Heinrich_Walbe&oldid=182609729 (abgerufen: 14.02.2019).

[10] Zu Meißner vgl. Annegret Holtmann-Mares/ Christiane Salge (Hg.): *Paul Meißner (1868–1939). Ein Architekt zwischen Tradition und Aufbruch.* Baunach 2019.

[11] Vgl. https://de.wikipedia.org/w/index.php?title=Paul_Meissner_(Architekt)&oldid=194193596 (abgerufen: 02.06.2020); Günter Fries: "Meißner, Paul", unter: https://www.darmstadt-stadtlexikon.de/m/meissner-paul.html (abgerufen: 14.03.2021).

[12] Gerlinde Gehrig: *Friedrich Pützer und das Paulusviertel in Darmstadt* (Quellen und Forschungen zur hessischen Geschichte, Band 169). Darmstadt/Marburg 2014, S. 39.

Wiederherstellung des Fachwerkrathauses in Michelstadt beauftragt war. Im Wintersemester 1904/05 war Meißner noch Assistent am Lehrstuhl I der Architekturabteilung der TH, die ihn habilitierte. 1904 wurde er Stellvertreter, 1907 dann Pützers Nachfolger als Denkmalpfleger in Rheinhessen.

Meißner gewann 1905 den Wettbewerb für den Neubau der Landeshypothekenbank am Paulusplatz in Darmstadt. Dieser heute der Evangelischen Kirche in Hessen und Nassau dienende große Verwaltungsbau brachte Meißner den beruflichen Durchbruch. Er bildet das Gegenüber zu Pützers zeitgleich errichteter Anlage der Pauluskirche. Pützer und Meißner gestalteten somit die seitliche Einfassung des von Pützer im Bebauungsplan für das Herdwegviertel vorgesehenen Platzes. 1907 wurde Meißner der Titel Professor verliehen, ab 1909/10 lehrte er als Privatdozent an der TH Darmstadt. 1915 wurde er Nachfolger des 1914 verstorbenen Georg Wickop auf dessen Lehrstuhl für Baukunst III. Nach Auseinandersetzungen mit den Nationalsozialisten in der Architekturabteilung wurde er am 31. Juli 1933 beurlaubt und erlitt einen Nervenzusammenbruch, von dem er sich bis zu seinem Tode 1939 nicht wieder erholte.

Die Liste der Bauwerke Meißners ist lang. Unter anderem baute er zahlreiche Villen und restaurierte historische Gebäude. 1905–1907 entstand die evangelische Kirche in Worms-Neuhausen. 1908 schuf er den Neubau des Finanzamts in Darmstadt. Für die Opelwerke plante er etliche Bauten in Rüsselsheim.[11]

August Buxbaum (1876–1960) war von 1904 bis 1930 in der Bauverwaltung der Stadt Darmstadt tätig. Er prägte das Darmstädter Stadtbild durch eigene Bauten nachhaltig und war auch an Projekten mit anderen beteiligt. Gerlinde Gehrig schildert beispielsweise die Entstehung des Paulusplatzes als einen Prozess von immer neuen Ideen. „Nach Buxbaum waren Friedrich Pützer, Paul Meißner und er selbst für diese Gestaltung des Platzes verantwortlich. Ein entscheidender Faktor war dabei die Herstellung einer malerischen Wirkung, welche durch die Beziehung der einzelnen Elemente der Platzanlage zu einander entstand."[12] Pützers Beitrag war die Gebäudefolge von Pfarrhaus, Arkadenhof, Kirche und Turm der Pauluskirche im Osten; Meißner steuerte den Bau der Landeshypothekenbank im Westen bei. Die Gesamtgestaltung der Anlage scheint dann immer wieder diskutiert worden zu sein.

Buxbaum stammte aus Langen-Brombach im Odenwald. Er studierte an der TH Darmstadt Architektur, wo er 1898 seine Diplomprüfung ablegte. Anschließend arbeitete er in Berlin, Nürnberg und Worms. 1904 trat er in den Dienst der Stadt Darmstadt ein. Ab 1906 war er Leiter des städtischen Hochbauamts. Im selben Jahr wurde er zum Bauinspektor und 1909 zum Stadtbaurat ernannt. 1930 schied er aus dem öffentlichen Dienst aus.

Zu Buxbaums wichtigsten Aufgaben gehörte bis zum Ersten Weltkrieg der Bau von Schulen. 1907/08 entstand nach seinen Plänen die Kyritz-Schule, 1909–1911 die Eleonoren-Schule, 1910/11 die Pestalozzi-Schule, 1912 die Justus-Liebig-Schule. Nach dem Krieg lag der Schwerpunkt auf dem Wohnungsbau an Rhön- und Spessartring sowie am Ostbahnhof. 1918 wurde Buxbaum zum Bürgermeister und Baudezernenten ernannt. 1907–1909 baute er das heutige Jugendstilbad an der Landgraf-Georg-Straße. Im Blick auf den Jugendstil der Mathildenhöhe verstand sich Buxbaum nicht als ein Vertreter dieser Kunst- und Architekturrichtung. Man würde ihn heute wohl eher dem Heimatstil, Heimatschutzstil oder der

Reformarchitektur zurechnen. Gleichwohl war er Bauleiter der von Olbrich entworfenen Ausstellungshallen auf der Mathildenhöhe. Im Ruhestand arbeitete Buxbaum ab 1930 als freier Architekt weiter. Nach dem Zweiten Weltkrieg beteiligte er sich am Wiederaufbau Darmstadts. Er widmete sich zudem der Stadt- und Baugeschichte.[13]

Otto Schönhagen (1885–1954), der später an der TH Darmstadt studieren und nach dem 4. Semester Assistent bei Friedrich Pützer werden sollte, stammte aus Krefeld. 1900 zog die Familie nach Konstanz um. Schönhagen ging in einem Baugeschäft in die Büro- und Zeichenlehre. In Abendkursen bereitete er sich auf den gymnasialen Abschluss vor. Nachdem er das Einjährige in Karlsruhe absolviert hatte, begann er sein Architekturstudium als Stipendiat in Darmstadt. 1917 folgte er einem Ruf nach Dresden, wo Hans Poelzig Stadtbaurat war.

1919 erschien von Schönhagen ein Bildband mit einer Einführung unter dem Titel *Stätten der Weihe. Neuzeitliche protestantische Kirchen*. Schönhagen stellt in dem Band weit über 50 Kirchen mit Außen- und Innenansichten und zum Teil auch mit Grundrissen vor. Unter neuzeitlich versteht Schönhagen den Zeitraum von etwa 1900 bis einschließlich des Ersten Weltkriegs. Wenn ich recht sehe, sind alle Kirchen dokumentiert, die Pützer gebaut hat, einschließlich der Umbauten wie in Bessungen und Eberstadt. Es sind Kirchen von einer Art erfasst, wie sie in diesem Zeitraum deutschlandweit von vielen Architekten gebaut wurden. So kommt selbstverständlich Theodor Fischer vor oder das Karlsruher Büro Curjel & Moser. Undifferenziert könnte man sagen: Die Jugendstilkirchen des protestantischen Raums sind dargestellt. Schönhagen sieht diese Kirchen als typisch protestantisch an. Er verweist sowohl auf die Geschichte des evangelischen Kirchenbaus wie auch auf die Grundsätze seiner eigenen Zeit mit den Ideen des Gruppenbaus und der axialen Innenanordnung des Wiesbadener Programms. Für die Kirchenanlagen benutzt er auch den Begriff des Malerischen. Kirchen, wie er sie vorstellt, sollen als Stätten der Weihe „wahre Volkshäuser" und „Quellstuben starken, inneren Lebens" sein.[14]

Insofern als Schönhagen das Buch bald nach seiner Zeit bei Pützer herausgegeben hatte, wird man annehmen können, dass es einiges von dem widerspiegelt, wie in der Architekturabteilung in Darmstadt diskutiert wurde beziehungsweise wie Schönhagen die Ansätze Pützers im Kirchenbau verstanden hat.

Nach seiner Zeit in Dresden wechselt Schönhagen 1921 als Architekt nach Koblenz. Dort war er 1932–1949 nebenamtlich Leiter des Provinzialkirchlichen Bauamts der Rheinlande (heute Rheinische Landeskirche). In dieser Zeit war er für die Renovierung und den Neubau zahlreicher Kirchen im Hunsrück, in der Eifel und im Westerwald verantwortlich. 1946 nahm er eine politische Tätigkeit im Rahmen der CDU auf. Er war unter anderem Mitglied in der Gründungsversammlung des Landes Rheinland-Pfalz. Nach Beendigung seiner politischen Tätigkeit widmete er sich wieder dem Beruf des Architekten.[15]

[13] Vgl. https://de.wikipedia.org/w/index.php?title=August_Buxbaum&oldid=185794549 (abgerufen: 03.06.2020); Mona Sauer: „Buxbaum, August", unter: https://www.darmstadt-stadtlexikon.de/b/buxbaum-august.html (abgerufen: 14.03.2021).

[14] Otto Schönhagen: *Stätten der Weihe. Neuzeitliche protestantische Kirchen. Eine Bilderreihe mit Einführung von Otto Schönhagen*. Berlin 1919, S. 16.

[15] Vgl. https://rpb.lbz-rlp.de/cgi-bin/wwwalleg/srchrnam.pl (abgerufen: 14.03.2021); https://de.wikipedia.org/wiki/Otto_Sch%C3%B6nhagen (abgerufen: 14.03.2021).

① Ludwigsplatz

② Bessunger Kirche
(Brautgang Bessunger
Str. / Kapellberg)

③ Pauluskirche
(Niebergallweg 22)

④ Bahnhofsvorplatz /
Fürstenbahnhof
(Am Fürstenbahnhof 3–4)

❶ Neubau: Pauluskirche
mit Pfarrhaus
(Niebergallweg 20–22)
und Küsterhaus
(Ohlystraße 51)

❷ Umbau: Bessunger Kirche
mit Brautgang
(Bessunger Str. / Kapellberg)

Umbau: Dreifaltigkeitskirche
Darmstadt-Eberstadt
(Heidelberger Landstraße 307)

Dorfkirche außerhalb Darmstadts
in Affolterbach (Odenwald)

Ⓐ Hochschulbauten:
Hörsaalgebäude /
Uhrturm / Pützerturm
(In der Hochschulstraße)

Ⓑ Firma Merck; Beamten-
wohngebäude / Pützerturm,
(Frankfurter Straße 250)

Ⓒ Hauptbahnhof

Bürgerpark

Herrngarten

Rosenhöhe

TU
Ⓐ

I–V

Woog

Ⓒ

④

① Ludwigsplatz

Vivarium

Prinz-Emil-
Garten

Paulusviertel

❻ VI

❶

❷ Ⓐ ②

TU Lichtwiese

③

❷

VII

Eberstadt
Affolterbach

Ⓘ Haus Becker-Bornscheuer
(Prinz-Christians-Weg 6–8)

ⒾⒾ Haus Herta (Nikolaiweg 3),
zerstört und durch Neubau ersetzt

ⒾⒾⒾ Haus Mühlberger (Nikolaiweg 9)

ⒾⓋ Haus Pützer (Alexandraweg 8)

Ⓥ Haus Leydhecker (Prinz-Christians-Weg 7),
zerstört und vereinfacht wieder aufgebaut

Ⓥ Ⓘ Haus Müller (Im Geißensee 11)

Ⓥ ⒾⒾ Haus im Loss (Klappacher Str. 122–124),
weitgehend zerstört, vereinfacht und
verkleinert wieder aufgebaut, das
Wirtschaftsgebäude als Wohnhaus

Städtebau

Friedrich Pützer, Entwurf Arbeitersiedlung Merck, signiert, o.D. 1906

Werner Durth

Friedrich Pützer als Städtebauer

[1] Dieser Text ist eine überarbeitete Fassung des Beitrags „Harmonie und sinnberückende Wirkung". Friedrich Pützer als Städtebauer", in: Regina Stephan (Hg.): „in die Umgebung hineingedichtet". Bauten und Projekte des Architekten, Städtebauers und Hochschullehrers Friedrich Pützer (1871–1922). Baunach 2015, S. 36–48.

Im Jahr 1892 erhielt der Student Friedrich Pützer, gerade 21 Jahre alt, von seinem Lehrer Karl Henrici den Auftrag, perspektivische Skizzen zur Darstellung eines Entwurfs anzufertigen, mit dem sich dieser am Wettbewerb zur Stadterweiterung Münchens beteiligte. Seit 1875 war Henrici, Professor für Architektur an der Technischen Hochschule (TH) Aachen, vor allem durch seine Schriften zur Stadtplanung sowie eigene Projekte überregional bekannt. So wundert es nicht, dass er in jenem Jahr 1892 an einem der ersten Wettbewerbe zur Erweiterung einer Großstadt teilnahm, um am Beispiel Münchens neueste Tendenzen moderner Stadtplanung zu dokumentieren. Mit seinem Beitrag wollte Henrici ein Zeichen setzen gegen die inzwischen gängige Praxis, die rasante Entwicklung der Städte vor allem als technische Aufgabe zu betrachten, ohne dabei auch die ästhetische Dimension sowie die Empfindungen und Wahrnehmungen aus der Perspektive der Bewohner miteinzubeziehen.[1]

Im Bauboom der Gründerzeit wurden nach stets gleichen Mustern schier endlose Stadterweiterungen geplant, zumeist ohne Rücksicht auf die landschaftlichen Besonderheiten.
Über Felder und Flure hinweg wurden schnurgerade Straßenfluchten eingetragen, dann
die Baufelder in Parzellen geteilt und den Eigentümern zum spekulativen Wohnungsbau
überlassen, der die vorgezeichneten Blöcke mit Anbauten und Seitenflügeln in oft uner-
träglicher Dichte füllte. Die wachsende Kritik an der „Langeweile der modernen Straßen"
und der plumpen „Massenwirkung" der Baublöcke[2] befeuerte Fragen nach der sinnlichen
Qualität des Städtebaus und der Schönheit der Städte – damals hoch aktuelle Fragen,
die der Wiener Architekt Camillo Sitte in polemischer Schärfe mit Forderungen nach einem
auch künstlerisch ambitionierten Städtebau zu verbinden wusste.
In seinem 1889 erschienen Plädoyer für einen *Städtebau nach seinen künstlerischen
Grundsätzen* erinnerte Sitte an das Wort von Aristoteles, „daß eine Stadt so gebaut sein
solle, um die Menschen sicher und zugleich glücklich zu machen." Daher dürfe der Städtebau „nicht bloß eine technische Frage, sondern müßte im eigentlichsten und höchsten Sinne
eine Kunstfrage sein."[3] In direktem Bezug auf Sittes Appell erklärte Henrici zu seinem Entwurf für München, er habe mit diesem Beitrag „jene künstlerischen Grundsätze", die der
Wiener Kollege in seinem wegweisenden Buch dargestellt hatte, auf die „großstädtischen
Anforderungen unsrer Zeit in Anwendung zu bringen" versucht. Und er fügte hinzu: „Ich
hoffe, mit den perspektivischen Bildern, deren Herstellung ich der künstlerischen Hand
meines Schülers Friedrich Pützer verdanke, den Beweis erbracht zu haben, daß dies
praktisch möglich ist."[4]

[2] Vgl. Camillo Sitte: *Der Städtebau nach seinen
künstlerischen Grundsätzen [1889]*. Wien 1901,
S. 95.

[3] Ebd., S. 2.

[4] Karl Henrici: *Preisgekrönter Konkurrenz-
Entwurf zu der Stadterweiterung Münchens*.
München 1893, S. 1, zitiert nach Max Guther:
„Zur Geschichte der Städtebaulehre an
deutschen Hochschulen", in: Städtebauliches
Institut der Universität Stuttgart (Hg.): *Heinz
Wetzel und die Geschichte der Städtebaulehre
an deutschen Hochschulen*. Stuttgart 1982, S.
34–117, hier: S. 45. Siehe auch Max Guther:
„Friedrich Pützer aus Aachen in Darmstadt.
Ganz persönliche Plauderei mit dem Jubilar", in:
*Zwischen Transformation und Tradition. Städte-
bau in der zweiten Hälfte des 20. Jahrhunderts.
Gerd Albers zum 60. Geburtstag*. Darmstadt
1979.

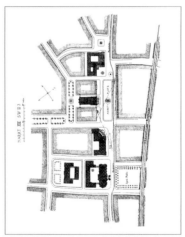

Dieser besonderen Begabung im Zeichnen war es zu danken, dass Pützer auch in den
folgenden drei Jahrzehnten bis zu seinem frühen Tod am 31. Januar 1922 seinen Entwürfen stets eine hohe Anschaulichkeit zu geben und die gewünschten Raumwirkungen
sinnlich zu vermitteln vermochte. Durch Henrici kannte er seit seiner Studienzeit den hohen
Anspruch und die Forderung Sittes, anstelle der in der Gründerzeit üblichen Rasterent-
würfe zur Erweiterung der Städte ein erlebnisreiches Stadtbild mit sichtbaren Bezügen
auf regionale Bautraditionen zu schaffen.

Friedrich Pützer, Perspektive „Markt" des Wettbewerbsbeitrag zur Stadterweiterung Münchens,
1893

Karl Henrici, Lageplan „Markt" des Wettbewerbs-
beitrags zur Stadterweiterung Münchens, 1893

[5] Sitte [1889] 1901, S. 88–86.

[6] Henrici [1893], S. 2.

[7] Sitte [1889] 1901, S. 89.

Ein nachhaltiger Impuls für sein stetes Bemühen um größtmögliche Anschaulichkeit seiner städtebaulichen Entwürfe mag Sittes Protest gegen die „Motivenarmuth und Nüchternheit moderner Stadtanlagen"[5] und die schematische Darstellung ihrer Planung gewesen sein. Dem gegenüber sollte nun die „Harmonie und sinnberückende Wirkung"[6] eines neuen, jetzt „malerisch" genannten Städtebaus zur Geltung gebracht werden, dessen Grundsätze methodisch aus der Analyse historischer Stadtbilder und Raumfolgen gewonnen werden sollten, ohne dabei in bloße Nachahmung von Vorbildern zu verfallen. „Erschreckend arm geworden ist der moderne Städteerbauer an Motiven seiner Kunst", hatte Sitte 1889 festgestellt: „Die schnurgerade Häuserflucht, der würfelförmige ‚Baublock' ist Alles, was er dem Reichthume der Vergangenheit entgegenzusetzen vermag. Dem Architekten werden Millionen gewährt zur Ausführung seiner Erker, Thürme, Giebel, Karyatiden und alles dessen, was sein Skizzenbuch enthält, und sein Skizzenbuch enthält alles, was die Vergangenheit je in einem Winkel der Erde hervorgebracht hat. Dem Städteerbauer dagegen wird kein Heller bewilligt zur Anlage von Colonnaden, Thorbogen, Triumphbogen und allen den zahlreichen Motiven, die seine Kunst nicht entbehren kann; nicht einmal der leere Raum zwischen den ‚Baublöcken' wird ihm freigegeben zur künstlerischen Formirung, denn selbst die kostenfreie Luft gehört bereits einem Anderen, dem Strasseningenieur, dem Hygieniker."[7] Das sollte sich ändern: Statt technokratischer Planungsroutine sollte die Wiederbelebung der Stadtbaukunst das künftige Bild der Städte prägen.

Die einprägsam formulierten Ideen Sittes verbanden den Schüler mit seinem Lehrer Henrici, in dessen Büro Pützer bis 1895 tätig war, um dann nach zweijähriger Lehrtätigkeit an der Oberrealschule Aachen 1897 an die Großherzoglich Technische Hochschule Darmstadt zu wechseln. Vermutlich auf Empfehlung von Georg Wickop, der ebenfalls bei Henrici in Aachen studiert, dort wie Pützer an der Oberrealschule gelehrt und 1895 eine Professur für Baukunst in Darmstadt übernommen hatte, wurde Pützer Assistent von Erwin Marx, der

Die TH Darmstadt mit dem verbindenden Hörsaaltrakt und dem Uhrturm Pützers, o.D. nach 1904

soeben den Bau der beiden Institutsgebäude in der Hochschulstraße am Herrngarten fertiggestellt hatte. Angesichts des rasch wachsenden Raumbedarfs plante Marx bereits kurz nach der Fertigstellung 1895 eine Erweiterung seiner Gebäude, die nach seinem Tod im Januar 1901 sein Assistent Pützer weiterführte. Als zugleich verbindendes Element und eigenständigen städtebaulichen Akzent in diesem neuen Ensemble platzierte er einen Hörsaaltrakt mit dem später sogenannten Pützerturm als Kennzeichen des Ortes zwischen den beiden Institutsbauten, um somit im Übergang zum Herrngarten ein prachtvoll abwechslungsreiches Gesamtbild der Hochschulstraße zu erzielen. Der Hörsaalbau „ragt weit in den prächtigen Herrngarten hinein", erklärte der Architekt zur Wirkung des Neubaus im Stadtbild: „Mit Rücksicht auf die bevorzugte Lage inmitten mächtiger Baumgruppen erschien es geboten, dem Gebäude einen selbständigen Charakter zu geben". Der Turm hingegen „vermittelt unauffällig die Unterschiede in den Höhen und architektonischen Einzelheiten und bildet in der vielgegliederten Baugruppe eine Dominante."[8]

[8] Pützer [1908], zitiert nach Max Guther: „Friedrich Pützer. Architekt – Städtebauer – Hochschullehrer", in: Technische Hochschule Darmstadt (Hg.): *Jahrbuch 1978/79*. Darmstadt 1980, S. 7–28, hier: S. 24.

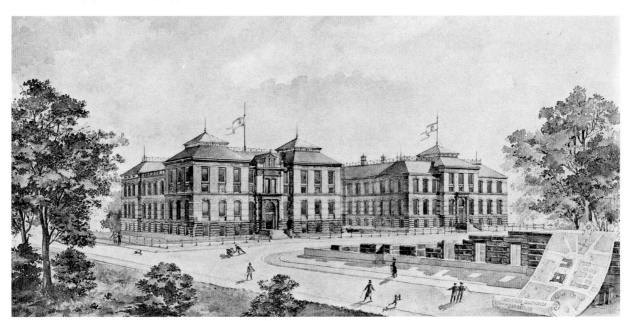

Neben seiner Tätigkeit als Architekt beteiligte sich Pützer im Jahr seiner Habilitation 1898 am „Wettbewerb für ein städtisches Verwaltungsgebäude in Aachen". Hinter diesem nüchternen Titel des Wettbewerbs verbarg sich indes eine diffizile städtebauliche Aufgabe an einem prominenten Ort: dem Chorusplatz, dem ehemaligen Palasthof Kaiser Karl des Großen in unmittelbarer Nachbarschaft zum alten Rathaus. Henricis Würdigung des Wettbewerbsergebnisses hob den mit dem ersten Preis ausgezeichneten Beitrag Pützers besonders hervor: „Die meisten Bewerber haben sich an die starre, gerade Baufluchtlinie gebunden gehalten, während es ein besonderes Verdienst Pützers gewesen ist, dies nicht gethan zu haben. Allein schon dadurch, daß er die Baumasse oben zurücktreten ließ und nur im Untergeschoß, dessen Fußboden er in Straßenhöhe legte, eine Bogenhalle an die Stelle des ‚langen Ganges' frei vorlegte, (…) erzielte er, daß das alte Rathaus durch den Neubau weniger verdeckt wurde, er steigerte die Behäbigkeit in der Raumwirkung des

Erwin Marx, Perspektive der beiden freistehenden Gebäude für das Physikalische und Elektrotechnische Institut sowie für die Chemischen Institute, 1895

[9] Karl Henrici: „Wettbewerb für ein städtisches Verwaltungsgebäude in Aachen", in: *Central-blatt der Bauverwaltung,* 18, 47, S. 569–571, hier S. 569.

[10] Ebd.

[11] Ebd.

[12] Siehe die Beschreibung und Einordnung des Entwurfs für Mainz bei: Durth 2015, S. 39–42.

[13] Max Creutz: *Profanbauten von Friedrich Pützer. Architekt in Darmstadt* (11. Sonderheft der Architektur des XX. Jahrhunderts), Berlin 1912, S. 1 f.

Platzes und schuf mit den Bogenhalle und der darüber befindlichen Terrasse eine das Platz-gepräge in bestem Sinne bestimmende Zuthat und zugleich Aufenthaltsräume für das Publicum, die sich bei vielen Gelegenheiten als höchst nutzbar erweisen werden."[9]

Im Sinne Sittes hatte Pützer bei seinem Entwurf nicht nur die funktional optimale Grund-rissdisposition eines Verwaltungsbaus im Auge, sondern auch dessen Beitrag zur Raum-wirkung des gesamten Ensembles und zur Nutzbarkeit des öffentlichen Raums, dessen Belebung durch die umgebenden Bauten stets auch eine Forderung Sittes war. Henrici be-stätigte: „Man gewinnt sofort den Eindruck, daß Pützer dadurch zu seiner so überaus glücklichen Lösung gelangt ist, daß er nicht vom Grundriß ausging, sondern daß er zuerst das Gesamtbild des Gebäudes vor seinem geistigen Auge hat entstehen lassen, und das Gebilde gewissermaßen in den gegebenen Raum und die Umgebung hineindichtete."[10]

Mit der poetischen Beschreibung des in die Umgebung „hineingedichteten" Gebildes charakterisiert Henrici exemplarisch die Arbeitsweise Pützers beim städtebaulichen Ent-werfen, dessen Voraussetzung das unmittelbare Erleben und ein sich Einfühlen in die jeweils besondere Situation sei: „Richtig fühlte er, daß der Platz einer Raumerweiterung bedürfe, daß ferner bei dessen Schmalheit alle Mittel anzuwenden seien, um ihn wohn-lich und behaglich zu machen, und daß deshalb gerade der untere Theil des Gebäudes mit einer möglichst intimen Architektur auszustatten sei."[11]

Mit der zügigen Verwirklichung seines Entwurfs erlangte Pützer überregionale Aner-kennung, die durch seine nächsten Planungen noch gesteigert wurde. Sein unter dem Motto „Maikäfer" im Jahr 1900 für den „Wettbewerb um einen Bebauungsplan zu dem Stadttheil am Kurfürstlichen Schloß in Mainz" eingereichter Beitrag wurde ebenfalls mit dem ersten Preis ausgezeichnet. Auch wenn dieser komplexen städtebaulichen Planung die Realisierung in der vorgeschlagenen Form versagt blieb, ist sie in deutlich erweiter-tem Maßstab doch ein weiterer Meilenstein im Lebenswerk Pützers.[12]

Obwohl Pützer zu den Reformarchitekten des Jugendstils ebenso Distanz hielt wie später zu den Vertretern des Neuen Bauens, ist in den folgenden Jahren eine deutliche Abkehr vom Historismus in der Architektur zu beobachten – bis hin zu seinem Turmhaus in Jena, wo er ab 1915 bereits im Sinne der Neuen Sachlichkeit für die Carl Zeiss Werke eines der ersten Hochhäuser in Deutschland errichtete. In der ersten Publikation zu seinem bisherigen Schaffen wurde 1912 festgestellt: „Der Fortschritt der modernen architektonischen Bewe-gung liegt vor allem in der Erkenntnis eines neuen und eigenartigen Zusammenhanges von Architektur und Umgebung in städtebaulicher und landschaftlicher Beziehung. Wäh-rend vordem eine Architektur ohne Rücksicht auf Gelände und Hintergrund geschaffen wurde und in der Anlage moderner Städte sich allmählich eine erschreckende Gleichför-migkeit bemerkbar machte, erwacht neuerdings ein feines Empfinden für die Physiogno-mie der Architektur im Spiegel des Stadtbildes und der Landschaft." Im Rückblick auf das Jahrzehnt seit 1902 heißt es: „Die Entwicklung Pützers [...] erklärt und umfaßt die allgemeine Änderung der architektonischen Anschauung, wie sie in Deutschland in schneller Zeitfolge vonstatten ging, von einer Herübernahme altbewährter Wirkungsfaktoren der Vergan-genheit bis zu einer tiefen Verinnerlichung und Vergeistigung. Mit jugendlicher Fähig-keit ist der Künstler dem fortschrittlichen Geiste der Zeit nicht nur gefolgt, sondern hat ihn verinnerlicht und in mustergültiger Weise zur Darstellung gebracht."[13]

Friedrich Pützer, Wettbewerbsbeitrag für das Verwaltungsgebäude
des Rathauses Aachen, Perspektive, 1898

Friedrich Pützer, Blick von der Rampe, Wettbewerb Mainz 1900

Friedrich Pützer, Perspektive C Platz, Wettbewerb Mainz, 1900

[14] Vgl. Joachim Schmidt, *Paulusplatz-Geschichten. 100 Jahre im Tintenviertel.*, Darmstadt 2014, S. 73.ff.

[15] Wilhelm Glässing [1917], zitiert nach Schmidt 2014, S. 4.

In seiner Kompetenz als Städtebauer bereits weithin anerkannt und von Großherzog Ernst Ludwig nachhaltig gefördert, wurde Pützer in Darmstadt mit einem Projekt befasst, das später nach seinem Entwurf realisiert und über Jahrzehnte zu einem einzigartigen Erlebnisraum im Gefüge der Stadt ausgeformt wurde: dem Paulusviertel. Pützer übernahm vom alten Plan nur die nördliche Linie des Herdwegs und ersann unter sorgsamer Beachtung der Topografie ein gänzlich neues System aus unterschiedlichen Platz-, Straßen- und Freiräumen, in denen das Geländerelief im Übergang zum Rheintal erlebbar und durch die Komposition der einzelnen Bauten noch gesteigert wird. Markant besetzte er den Kern und Höhepunkt des neuen Quartiers durch die Pauluskirche, die er selbst bis ins Detail entwarf, als Ensemble mit allen Nebengebäuden auf einem Hügel in der damals noch weithin offenen Landschaft. Nach einem Wettbewerb zum Bau der westlich gegenüber der Kirche gelegenen, auf Initiative von Otto Wolfskehl 1903 gegründeten Hessischen Landeshypothekenbank, heute Verwaltungsgebäude der Evangelischen Kirche in Hessen und Nassau (EKHN), gelang Pützers Kollege Paul Meissner in Kooperation mit ihm sowie den Bildhauern Heinrich Jobst und Karl Killer mit der Anlage des Paulusplatzes ein städtebauliches Meisterwerk.

Durch die spannungsvolle Korrespondenz der Proportionen und Elemente der beiden den Platz begrenzenden Großbauten wird ein subtiler Dialog zwischen Kirche und Staat entfaltet, in dem die Gestaltung des öffentliches Raums mit Grün- und Treppenanlagen, Brüstungen, Brunnen und zahlreichen Skulpturen vielfach vermittelt und zugleich ein bis heute attraktiver Aufenthaltsraum angeboten wird.[14] „Natur und Kunst vereinigen sich", so Darmstadts Oberbürgermeister Wilhelm Glässing in einer Würdigung 1917, „zu einem Stadtbild von seltener Schönheit, zu einer vorbildlichen Schöpfung für Vorstadtplätze, bei denen die wechselvolle umgebende Natur in das Stadtgebiet hineinwächst und sich mit einer locker gereihten, malerisch entwickelten Architektur zu einer harmonischen Einheit verbindet."[15]

In freier Komposition gruppieren sich die sorgsam gestalteten Wohnhäuser mit Anklängen an regionale Bautraditionen und üppigen Vorgärten entlang der ungewöhnlich breiten, weit ausschwingenden Straßenzüge, die erst nach Jahrzehnten durch die von Anbeginn mitgeplante Vegetation ihren besonderen Charakter und Reiz entfalten sollten. So entstand im Laufe der Jahre das – wegen des hohen Anteils an Akademikern und Beamten unter den Bewohnern – sogenannte »Tintenviertel« als das wohl attraktivste Wohngebiet der Stadt, mit eigener Stadtkrone in Form der am Hang gestaffelten Bauten der evangelischen Pauluskirche. Gleich, wo man sich in diesem Viertel aufhält: Stets öffnen sich dem Besucher neue Perspektiven in wechselnden Blickfeldern. Doch nicht nur durch die einzelnen Bauten, von denen einige nach Entwürfen von Professoren der Technischen Hochschule errichtet wurden, sondern besonders durch die Gesamtanlage des damals sogenannten Herdwegviertels hat Pützer die Stadtgestalt Darmstadts nachhaltig geprägt. Viele Einzelbauten und einige Straßenzüge stehen heute unter Denkmalschutz.

Unter den das Stadtbild Darmstadts prägenden Bauten Pützers ist indes vor allem der Hauptbahnhof zu nennen, der nach einem Wettbewerbsbeitrag und dessen gründlicher Überarbeitung 1912 eingeweiht wurde. Auch hier ist die städtebauliche Komposition bemerkenswert, da die monumentale Eingangshalle mit hohem Portal nach Osten zur Magistrale in Richtung Innenstadt, der seitliche Eingang neben dem Fürstenbahnhof mit ebenfalls einladender Geste zur Rheinstraße hin geöffnet ist. Gemeinsam mit den seitlich begrenzenden Hotel- und Geschäftsbauten bildet der Bahnhofsvorplatz mit seinen Grünanlagen bis heute ein würdiges Entrée zur Stadt.

Städtisches Hochbauamt Darmstadt, Plan des Herdwegviertels, 1920

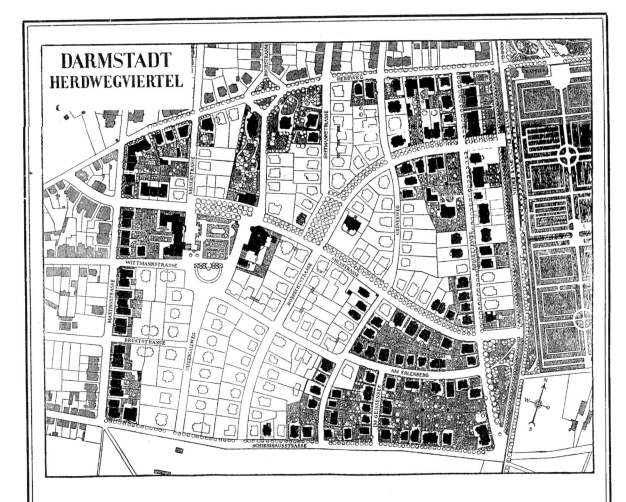

DARMSTADT, DAS HERDWEGVIERTEL,
zwischen Herdweg, Martinsstraße, Schießhausstraße und Nieder-Ramstädter Straße gelegen. Den Mittelpunkt bildet der reizvolle Paulusplatz mit Pauluskirche und Landeshypothekenbank. Im Volksmund heißt das Viertel das „Tintenviertel", weil hier zahlreiche Beamte und Professoren wohnen. Begonnen im Jahre 1898.
Bebauungsplan von Geh. Baurat Professor FRIEDRICH PÜTZER, Darmstadt.
Zeichnung vom STÄDTISCHEN HOCHBAUAMT, Darmstadt.

[16] Max Guther: *Friedrich Pützer, 1871–1922. Architekt, Städtebauer, Hochschullehrer.* Unveröffentlichtes Manuskript des Vortrags vom 26.02.1980, Sammlung GTA, S. 1.

[17] Ebd., S. 2.

[18] Siehe Guther 1979.

[19] Werner Durth: „Friedrich Pützer – der große Unbekannte. Ein Portrait", in: *Darmstädter Echo*, 31.08.2012, S. 12.

Als eine weitere städtebauliche Dominante tritt im Norden Darmstadts, im Übergang zum Stadtteil Arheilgen, das Verwaltungsgebäude der Firma Merck mit hohem Turm und weithin sichtbarem Zifferblatt der Turmuhr als repräsentativer Großbau am nördlichen Stadteingang hervor. Die gegenüberliegende Arbeitersiedlung, von Pützer in ländlicher Charakteristik wie ein Straßendorf entworfen, wurde Anfang der 1970er-Jahre abgerissen, um der Erweiterung der Fabrik Platz zu machen. Anderen Plänen zur Stadterweiterung im Bereich der heutigen Lichtwiese blieb die Chance zur Realisierung versagt.

Seit dem Münchner Wettbewerb 1892 schätzte Pützer insbesondere die Rathäuser neben den Kirchen als stadtbildprägende Gebäude. Die Annahme einer Hierarchie der Bedeutung öffentlicher Bauten lenkte über Jahrzehnte sein Interesse auf entsprechende Wettbewerbsaufgaben. So beteiligte er sich über zwei Jahrzehnte an zahlreichen Konkurrenzen um Kirchen- und Rathausbauten, denen einige Aufträge für stets städtebaulich eingebundene Projekte folgten.

Obwohl er seit der ab 1901 errichteten Matthäuskirche in Frankfurt am Main und folgenden Bauten in Worms, Wiesbaden und anderen Orten als herausragender Kirchenbaumeister und zudem als Experte für Rathäuser galt, blieb ihm ein über die folgenden Generationen hinausweisender Nachruhm versagt. Dies mag auch darin begründet sein, dass er neben seinem Engagement als Hochschullehrer und seiner Praxis als Architekt kaum Zeit für publizistische Tätigkeiten fand, die in der Fachliteratur hätten aufgenommen werden können.

Als Max Guther, seit 1954 Professor an der TU Darmstadt, am 26. Februar 1980 im Audimax einen öffentlichen Vortrag zum Lebenswerk Pützers hielt, musste er bekennen: „Als ich vor 26 Jahren auf den Lehrstuhl für Städtebau, Siedlungswesen und Entwerfen berufen wurde, war mir Friedrich Pützer ein absolut Unbekannter.[16] Guther erklärte: „Vom Städtebauer Pützer wußte ich vor einem Jahr gar nichts, außer daß er das Tintenviertel geplant habe. Auch in den Schriften meines Kollegen und Freundes Gerd Albers, 1959–1962 Oberbaudirektor der Stadt Darmstadt, seitdem Professor an der TU München, der sich wohl am intensivsten mit der Geschichte des deutschen Städtebaus in den letzten 100 Jahren befaßt hat, kommt der Name Pützer nicht vor. Aber gerade er gab den Anstoß dazu, daß ich mich mit Pützer beschäftigte."[17] Durch seinen Artikel über Pützer im Jahrbuch der TH Darmstadt 1978/79 und seinen Beitrag zur Festschrift für Gerd Albers 1979[18] hat Guther den Städtebauer Pützer für die Fachwelt wieder entdeckt, doch blieb dieser noch über Jahrzehnte für die weitere Öffentlichkeit „der große Unbekannte"[19] in der Geschichte des Städtebaus.

Ludwig Habichs Bismarckdenkmal auf dem
Ludwigsplatz auf dem von Friedrich Pützer
gestalteten Sockel, 1906

Wolfgang Lück

Brunnen – Elemente im malerischen Stadtbild

Brunnen können zum Eindruck des Malerischen im Stadtbild oder bei Gebäuden beitragen.
Der Klang des Wassers beruhigt, führt zu kontemplativer Stimmung. Er lockt Vögel zum
Trinken und Baden an. Friedrich Pützer hat sich dieses Mittels erkennbar gern bedient.
An zwei seiner Darmstädter Kirchen gibt es Laufbrunnen: an der Bessunger Kirche und an
der Pauluskirche. Bei der Bessunger Kirche ist der Laufbrunnen am Eingang zum Brautgang
platziert. Das Geplätscher des Brunnens empfängt die Kirchgänger und überdeckt die All-
tagsgeräusche der Straße. Über dem Wasserausfluss zeigt die von Ernst Riegel (1871–1939)
geschaffene Messingplatte das Motiv der nach frischem Wasser schreienden Hirsche.

Heinrich Jobst, Brunnenanlage am Vorplatz des
Hauptbahnhofes, o.D.

Im Falle der Pauluskirche, erbaut 1905–1907, wurde der Brunnen im Hof zwischen Kirche
und Pfarrhaus platziert: Von einer Pergola umgeben, sprudelt der Brunnen, dessen Wasserausfluss mit einem gleichfalls von Riegel geschaffenen Relief verziert ist, das Adam und Eva
im Paradies zeigt.

Zu städtebaulichen Anlagen gehören bei Pützer gleichfalls Brunnen. Bestes Beispiel ist die
Anlage des Paulusplatzes mit ihren drei Brunnen: dem großen Sprudelbecken, dem Triton-
Wandbrunnen (1909) von Heinrich Jobst (1874–1943) und in der Mitte der Freitreppe dem
mehrstrahligen Brunnen mit Bildsäule des Münchner Bildhauers Karl Killer (1873–1948).
Auch die Außenanlagen des Hauptbahnhofs zieren Brunnen: ein Wandbrunnen von 1911 am
südlichen Ende des Bahnhofsvorplatzes von Jobst und ein Laufbrunnen mit Bodenbecken.
Vor dem Fürstenbahnhof erhebt sich aus einem Becken eine Brunnenschale mit Steinsäule,
deren Bekrönung aus Schmiedeeisen ebenfalls von Riegel gestaltet wurde.

Pützers Brunnen auf dem Ludwigsplatz (1906) bildet das Sockelelement eines Denkmals,
dessen von Ludwig Habich (1872–1949) geschaffene Statue den Reichskanzler und Reichs-
gründer Bismarck verehrt.

Die Terrasse seines eigenen Hauses zierte gleichfalls eine Brunnenanlage, die Jobst 1910
nebst dem Gartenpavillon schuf, der den Garten begrenzte.

Der Architekt

Friedrich Pützer, Bau 15 und Bau 29 der Optischen Fabrik Carl Zeiss, Jena,

Foto 1930

[1] Annegret Holtmann-Mares/Mona Sauer: „Werkverzeichnis Friedrich Pützers", in: Regina Stephan (Hg.): *„in die Umgebung hineingedichtet". Bauten und Projekte des Architekten, Städtebauers und Hochschullehrers Friedrich Pützer (1871–1922)*. Baunach 2015, S. 164–167.

Wolfgang Lück

Friedrich Pützer – deutschlandweit tätig als Architekt und Stadtplaner

Auch wenn Friedrich Pützer Zeit seines Lebens als Hochschullehrer an der Technischen Hochschule (TH) in Darmstadt geblieben ist, zeigt ein Blick auf sein Werkverzeichnis[1], dass er keineswegs nur regional, sondern deutschlandweit als Baumeister und Stadtplaner tätig war. Sein Werk verteilt sich von Aachen bis München, im Wesentlichen also auf den Westen und Süden Deutschlands. Vereinzelt reicht sein Wirkungskreis auch nach Thüringen. Zwei Wettbewerbsteilnahmen aus den USA werden aufgelistet. Verwirklichen konnte Pützer im Ausland eine Kirche in der deutschsprachigen Siedlung in Schutzberg in Bosnien.

Teilt man Pützers Werk in thematische Blöcke auf, stellt sich heraus, dass der Block der Kirchenneu- und Kirchenumbauten mit 22 der größte ist, gefolgt von 17 Bebauungsplänen und 14 größeren Villen. Hinzu kommen öffentliche Gebäude, Verwaltungsbauten von Industrieanlagen, Aussichtstürme und dergleichen.

Allein in der Region Rhein-Main finden sich 15 Kirchen, die Pützer plante, baute oder umbaute. Pützer hat nicht nur qualitativ mit seinen an der Lebensreform orientierten Kirchbauten einen wichtigen Beitrag zur kirchlichen Baukultur Hessen-Darmstadts – unter Einschluss von Frankfurt am Main und Wiesbaden – geleistet, sondern auch quantitativ. Er hat in bürgerlich geprägten Neubaugebieten aller größeren Städte stattliche Stadtkirchen-Baugruppen geplant und errichtet: Matthäuskirche in Frankfurt am Main (1903–1905), Pauluskirche in Darmstadt (1905–1907), Lutherkirche in Wiesbaden (1907–1911), Lutherkirche in Worms (1908–1912), Friedenskirche in Offenbach (1911–1912), Lutherkirche in Offenbach (1912–1914); zudem die Gustav-Adolf-Kirche im damaligen Mainzer Vorort Gustavsburg (1912–1916). Als Dorfkirchen sind zu nennen jene in Affolterbach im Odenwald (1907), Pfaffen-Schwabenheim in Rheinhessen (1908) und Budenheim bei Mainz (1912–1913). Zu diesen zehn Neubauten kommen Umbauten und Erweiterungen bestehender alter Kirchen hinzu: Johanneskirche in Mainz (1906–1907), Bessunger Kirche in Darmstadt (1908–1909), Stadtkirche in Michelstadt (1909–1910), Dreifaltigkeitskirche in Darmstadt-Eberstadt (1911–1912) und die evangelische Kirche in Egelsbach (1912–1913). Dass es so viele Pützer-Kirchen in der Rhein-Main-Region gibt, hat auch damit zu tun, dass Pützer seit 1908 Kirchenbaumeister der Evangelischen Landeskirche im Großherzogtum Hessen-Darmstadt war und Kirchbauvorhaben in jedem Fall erst einmal auf seinem Schreibtisch landeten. Gleichwohl war Pützer nicht nur in der Region als Fachmann für Kirchenbau anerkannt. Für die Ausstellung des Deutschen Werkbunds in Köln 1914 steuerte er eine evangelische Kirche mit Taufraum und Sakristei bei.

Friedrich Pützer, Evangelische Kirche Affolterbach, o.D. nach 1907

Die 15 Kirchbauten im Hessischen sind in einem Zeitraum von nicht einmal 15 Jahren entstanden. Alle Kirchen wurden nach dem Zweiten Weltkrieg verändert. Jugendstilelemente
und Manifestationen des Wiesbadener Programms mussten aufgrund veränderter theo-
logischer und ästhetischer Kriterien weitgehend weichen. In Frankfurt, Mainz, Michelstadt
und Egelsbach ist so gut wie keine Spur mehr von Pützers Arbeit zu entdecken. Andernorts
begann man in den 1980er- und 1990er-Jahren mit dem Versuch einer Wiederherstellung
des Pützer'schen Werks.

Das betrifft die evangelischen Kirchen, nicht aber die einzige katholische Kirche in der
Region, die Herz-Jesu-Kirche in Neckarsteinach (1908). Die Innenausstattung dieser Kirche
war kaum geprägt vom Jugendstil, vielmehr hatte man Ausstattungsstücke aus verschiedenen katholischen Kirchen zusammengetragen, die allesamt aus dem 18. Jahrhundert
stammen und dem Bau damit einen klaren barocken Charakter verleihen.

Bereits als junger Student wurde Pützer im Zusammenhang mit einem Stadterweiterungs-
plan sehr gelobt, den er gemeinsam mit seinem Lehrer Karl Henrici 1883 für die Stadt
München vorgelegt hatte. Das Werksverzeichnis nennt 14 Erweiterungs- und Bebauungs-
pläne. Einen geografischen Schwerpunkt bildet dabei der Raum Mainz. Mainz gehörte bis
1945 zu Hessen-Darmstadt. Pützers Interesse galt nicht nur in Darmstadt dem malerischen
beziehungsweise künstlerischen Städtebau.

Villen hat Pützer vor allem in Darmstadt, unter anderem auf der Mathildenhöhe, gebaut –
darunter sein eigenes Haus. Ähnliche Bauwerke sind zudem auch in Aachen, Dortmund,
Fulda, Krefeld und Wuppertal zu nennen.

Um 1900 gehörte das Rathaus zu jener Art öffentlicher Gebäude, an deren Bau sich
Architekten mit Vorliebe beteiligten. Rathäuser waren Ausdruck bürgerlichen Selbstbe-
wusstseins. Neubauten wurden vor und nach der Jahrhundertwende notwendig, weil die
Verwaltungsaufgaben der Kommunen immens gewachsen waren. Pützer beteiligte sich an
diesem Boom. Er konnte das Verwaltungsgebäude des Rathauses von Aachen (1898–1907)
verwirklichen. Beim Neubau des Kreishauses in Hanau (1901–1903) kam er ebenso zum Zug
wie beim Rathaus in Ludwigshafen-Oppau (1906–1907) und bei der städtischen Sparkasse
Oberhausen (1911). Bei späteren überregionalen Wettbewerben zu Großprojekten wie etwa
dem Stuttgarter Hauptbahnhof agierten Pützer und die TH Darmstadt nicht mehr in der
ersten Reihe. Er sei regional allerdings fest etabliert gewesen, schreibt Ralf Dorn in seiner
Würdigung der Rolle Pützers im Wettbewerb um öffentliche Aufträge.[2]

Bemerkenswert sind schließlich noch die Bauten für Carl Zeiss in Jena (1913–1917),
darunter jenes Gebäude, das als erstes Hochhaus in Deutschland gehandelt wird.

[2] Vgl. Ralf Dorn: „Pützer ist aus der Überlieferung gekommen und ist in der Überlieferung
geblieben.' Der Architekt Friedrich Pützer im
Wettbewerb um öffentliche Bauaufträge", in:
Stephan 2015, S. 49–58, hier: S. 56.

[1] *Die Denkmalpflege*, Nr. 8, 1904, S. 62, zitiert nach Mona Sauer: „Pützer als Denkmalpfleger", in: Regina Stephan (Hg.): *„in die Umgebung hineingedichtet". Bauten und Projekte des Architekten, Städtebauers und Hochschullehrers Friedrich Pützer (1871–1922).* Baunach 2015, S. 73–78, hier: S. 76.

[2] Ausführlich gewürdigt von Joachim Glatz: „... in kultureller Hinsicht von größter Bedeutung. Prof. Pützer, Denkmalpfleger für Rheinhessen". Vortrag, gehalten am 24.09.2015, in Darmstadt. 16-seitiges Typoskript, Archiv Regina Stephan, Darmstadt.

[3] Friedrich Pützer: *Über Denkmalskunst.* Rede, gehalten zur Vorfeier des Geburtstages seiner königlichen Hoheit des Großherzogs Ernst Ludwig am 24.09.1900 in der Aula der Großherzoglichen Technischen Hochschule zu Darmstadt. Darmstadt 1900, hier besonders: S. 26f.

Regina Stephan

»Mit allem Nachdruck für die Erhaltung«[1] – Friedrich Pützers Haltung zum Denkmal

1900 war für den staatlichen Denkmalschutz in Deutschland ein wichtiges Jahr, denn in Dresden fand der erste Deutsche Denkmalpflegetag statt. In einer auf Antrag des hessischen Regierungsvertreters beschlossenen Resolution wurden dabei zehn Leitsätze für die Regelung des Denkmalschutzes aufgestellt. Sie bildeten den Ausgangspunkt für das 1902 erlassene „Gesetz, den Denkmalschutz betreffend" des Großherzogtums Hessen und bei Rhein. Es war das erste moderne Denkmalschutzgesetz.[2] Friedrich Pützer war an seiner Formulierung maßgeblich beteiligt. Er hatte sich hierfür durch seine bisherigen Bauten ebenso qualifiziert wie durch seine profunden Kenntnisse und seine Lehre der historischen Architektur. Seine anlässlich der Vorfeier des 32. Geburtstages Großherzog Ernst Ludwigs 1900 gehaltene Rede *Über Denkmalskunst* war eine weitere wichtige Vorarbeit für das Amt des Denkmalpflegers der Provinz Rheinhessen 1902.[3]

[4] Vgl. Glatz 2015, S. 10.

[5] Siehe hierzu Joachim Glatz: „Die Umgestaltung der St. Johanniskirche in Mainz, 1906–1907", in: Stephan 2015, S. 122–124, hier: S. 122.

[6] Karl Henrici: „Wettbewerb für ein städtisches Verwaltungsgebäude in Aachen", in: *Centralblatt der Bauverwaltung*, Nr. 47, 1898, S. 569–571, hier: S. 570.

Friedrich Pützer, *Über Denkmalskunst*, Innentitel, Darmstadt 1900

Diese Funktion hatte er bis 1907 und somit sechs Jahre inne, in denen er wichtige, grundlegende Entscheidungen fällte, die aufgrund ihrer akribischen Dokumentation in den Jahresberichten der Denkmalpflege im Großherzogtum Hessen sehr gut nachvollziehbar sind. Auf seinen Einspruch hin gelang es etwa, den Eisenturm, das Reichklarakloster und die Zitadelle in Mainz vor dem Abriss zu bewahren sowie den Dom und die Synagoge in Worms instand zu setzen.

In Rheinhessen war er für über 60 historische Kirchen zuständig. Pützer setzte sich stark für den Erhalt und die Weiternutzung von Denkmalen ein und fand durchaus auch unkonventionelle, mutige Lösungen. Mehrfach ließ er abgängiges Mauer- oder Fachwerk abbrechen, um es durch neues Material, das dem früheren Zustand vollkommen entsprach, zu ersetzen. Er war zwar Architekt, aber eben einer, der sich als Diener des Denkmals verstand und dessen Erhalt und Pflege er oberste Priorität einräumte. Dass er sich dabei selbst sehr stark zurücknehmen musste, fiel ihm, dem planenden Architekten, bisweilen durchaus schwer.

Bei der Sanierung der Johanniskirche in Mainz ab 1906 musste er sich dann entscheiden: Denkmalpfleger oder Architekt? Die bauhistorische Untersuchung der Johanniskirche in Mainz durch den seit 1903 an der Technischen Hochschule in Darmstadt lehrenden Kunsthistoriker – und somit seinen Kollegen – Rudolf Kautzsch hatte ergeben, dass der Bau im Kern wesentliche Teile des karolingischen Baus bewahrt hatte.[4] Als das Projekt des zunächst mit der Neugestaltung befassten Bauinspektors Adolf Gelius aus Mainz durch den Denkmalrat kritisiert und daraufhin von ihm zurückgezogen wurde, griff Pützer ein.[5] Er hatte bis dahin nur die Bauphasenpläne gezeichnet und entwarf nun eine Neugestaltung auf der Basis frühmittelalterlicher Bauformen – etwa mittels des Einbaus einer Flachdecke. Natürlich geriet er damit in einen Interessenskonflikt zwischen planendem Architekten und staatlich beauftragtem Denkmalpfleger. Er löste diesen durch den Rückzug aus der ehrenamtlichen Tätigkeit und konzentrierte sich fortan auf die Lehre und seine Arbeit als Architekt und Städteplaner.

Beschäftigt man sich mit Pützers Entwürfen, fällt auf, dass er stets vom Bestand ausging – von der städtebaulichen oder landschaftlichen Situation, bestehenden Wegenetzen, ortsüblichen Baumaterialien und -formen – ohne die historische Architektur jedoch zu kopieren. Karl Henrici, sein Städtebaulehrer in Aachen, beschrieb seine Vorgehensweise wie folgt: „Man gewinnt sofort den Eindruck, daß Pützer dadurch zu seiner so überaus glücklichen Lösung gelangt ist, daß er nicht vom Grundriß ausging, sondern daß er zuerst das Gesamtbild des Gebäudes vor seinem geistigen Auge hat entstehen lassen, und das Gebilde gewissermaßen in den gegebenen Raum und die Umgebung hineindichtete."[6] Henrici bezog diese Schilderung auf den Verwaltungsbau des Aachener Rathauses, sie lässt sich aber auch auf seine weiteren Arbeiten übertragen.

Besonders eindrucksvoll konnte Pützer sein Können zum einen bei den Entwürfen unter Beweis stellen, bei denen er sowohl die städtebauliche Gesamtanlage als auch Gruppenbauten und Einzelbauten entwarf und zu stimmigen Ensembles fügte: im Paulusviertel und in der Arbeitersiedlung Merck in Darmstadt sowie in der Siedlung Buchschlag.

Zum anderen sind seine Interventionen an Baudenkmalen sehr bemerkenswert, weil sie so vorsichtig und bezugnehmend vorgenommen wurden, dass sie sich nur dem genauen

Betrachter erschließen. Als Beispiel sei hier auf die Umbauten der evangelischen Bessunger Petruskirche und der Eberstädter Dreifaltigkeitskirche verwiesen, die Pützer durchaus nicht nur mit kleinen chirurgischen Eingriffen, sondern mit Anbauten, neuen Decken und Emporen ergänzte. Dass ihm dies überaus überzeugend gelang, empfanden bereits die Zeitgenossen: „Die ganze Ausführung gab der alten Kirche ein schönes neues Gewand mit pietätvollster Schonung des Alten im Sinne der Denkmalpflege"[7], so Georg Wickop über den Umbau der Bessunger Kirche.

[7] Großherzogliches Ministerium des Inneren (Hg.): *Jahresbericht der Denkmalpflege im Großherzogtum Hessen*, Band 2. Darmstadt 1912, S. 84.

Ansicht der umgebauten Bessunger Kirche.

Friedrich Pützer, Perspektive der Bessunger Kirche mit Brunnenhaus und Brautgang, signiert und datiert 1909

Pützer erweist sich bei genauer Betrachtung als geerdeter Architekt, der aus seiner profunden Kenntnis der Geschichte der Architektur und des Städtebaus schöpfte, um neue Ensembles zu schaffen, die durch ihre landschaftsgerechte und ortsgebundene Gestaltung selbstverständlich wirken. Man denke etwa an die evangelische Kirche in Affolterbach oder die katholische Herz-Jesu-Kirche in Neckarsteinach. Sie steigern das historisch Gewachsene und bilden eine unlösbare Einheit zwischen Neubau und Bestand.

Regina Stephan

Im Ringen um die Architektur für die neue Zeit: Bauen in Darmstadt zu Beginn des 20. Jahrhunderts

Um zu verstehen, wie umfassend die Veränderungen waren, welche die kleine Residenzstadt Darmstadt in der Regierungszeit des Großherzogs Ernst Ludwig in die Moderne katapultierten, genügt ein Vergleich des sogenannten Heberer-Plans von 1890 und des Stadtplans des Städtischen Vermessungsamts Darmstadt von 1910. In diesen 20 Jahren war die Wohnbevölkerung von rund 56.000 Einwohnern auf über 87.000 angewachsen. Die Einwohnerzahl hatte also – auch durch Eingemeindungen – um 50 Prozent zugenommen, weshalb der Wohnungsbau massiv forciert und neue Stadtviertel entwickelt werden mussten.

[1] Zur Moller-Vorstadt siehe Helge Svenshon: „Georg Mollers Pläne für Darmstadts westliche Neustadt", in: Michael Groblewski et al.: *Georg Moller (1784–1852). Bauten und Projekte des großherzoglichen Baumeisters in Hessen-Darmstadt.* Berlin 2015, S. 35–47.

[2] Zur Stadtentwicklung Darmstadts um 1900 siehe Dieter Schott: *Die Vernetzung der Stadt. Kommunale Energiepolitik, öffentlicher Nahverkehr und die „Produktion" der modernen Stadt. Darmstadt – Mannheim – Mainz 1880–1918.* Darmstadt 1999.

[3] Vgl. ebd., S. 91. Diese Trasse ist bis heute im Stadtgrundriss nachvollziehbar in Casinostraße, Rhönring und Spessartring.

[4] Zur Planung des Paulusviertel siehe Gerlinde Gehrig: *Friedrich Pützer und das Paulusviertel in Darmstadt* (Quellen und Forschungen zur hessischen Geschichte, Band 169). Darmstadt/Marburg 2014, S. 31–40. Gehrig berichtet auf S. 33, dass die Planung laut Karl Henrici von Stübben gewesen sei.

F. Heberer, Plan der Haupt- und Residenzstadt Darmstadt, 1890

Die sogenannte Moller-Vorstadt[1] hatte zu Beginn des 19. Jahrhunderts die noch mittelalterlich enge Fachwerkstadt nach Westen erweitert, in Richtung Rhein, wodurch das Residenzschloss in den Mittelpunkt der Stadt rückte.[2] Die von Georg Moller – dem Hofbaumeister von Ludewig I., dem ersten Großherzog Hessens – entworfene erste große Stadterweiterung folgte einem streng orthogonalen Straßenraster, das nur an seiner süd-östlichen Seite zugunsten einer harmonischen Verbindung mit dem alten Stadtkern v-förmig aufgeweitet wurde. Die Straßengevierte wurden charakterisiert durch Blockrandbebauungen mit innen liegenden großen Gärten. Die Begrenzung dieser Stadterweiterung bildeten die neuen Stadttore Rhein-, Neckar- und Maintor.

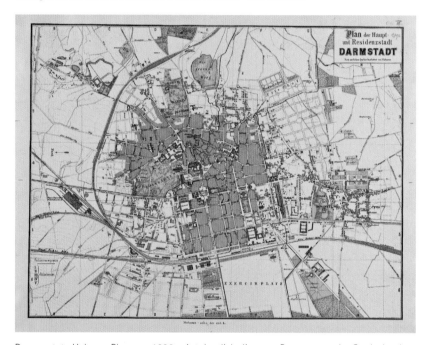

Der geostete Heberer-Plan von 1890 zeigt deutlich die neue Begrenzung der Stadt durch den Eisenbahndamm der 1871 eröffneten Odenwaldbahn, die, flankiert von einer Ringstraße, vom Main-Neckar-Bahnhof (an Stelle des Rheintors, der heutigen Kunsthalle) die Stadt in weitem Bogen bis zur Station Rosenhöhe (dem heutigen Ostbahnhof) umgab und heute als wichtige Stadtumfahrung dient.[3] Sehr gut sichtbar sind die in den 1890er-Jahren in Überbauung beziehungsweise Planung befindlichen Flächen zwischen Altstadt, Moller-Vorstadt und Herrngarten, Prinz Emil-Garten, Orangerie und Mathildenhöhe. Neue Straßen wurden angelegt und durch Wohnbauten flankiert, Planungen für Stadterweiterungen eingezeichnet, etwa das Martin- und das Johannesviertel, das Woogviertel und die Fläche zwischen der Stadt und dem neu eingegliederten Bessungen. In der Stadt herrschte reges Bautreiben. Noch unbebaut waren zu dieser Zeit zwei Gebiete, die wenig später zu den Brennpunkten der modernen Architektur und des Städtebaus in Darmstadt werden und weit über die Stadt hinaus Beachtung finden sollten: die Mathildenhöhe im Osten und das Paulusviertel im Süden. Für Letzteres ist im Heberer-Plan bereits eine weitgehend orthogonale Planung gestrichelt eingezeichnet, die dem Kölner Stadtbaurat Josef Stübben[4] zugeschrieben wird. Dass diese aufgegeben wurde, lag laut Bericht der Stadtverordnetenversammlung vom

31. Mai 1900 daran, dass dieser „1.) zu wenig Rücksicht auf die Besitzverhältnisse nahm, 2.) bei dem Erwerb und der Herstellung der sehr breit vorgesehenen Straßen und Plätze sehr große Opfer bringen müsse" und „3.) Die künstlerischen Momente darin zu wenig zur Geltung gekommen" seien.[5]

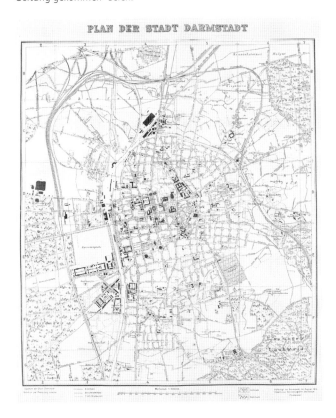

PLAN DER STADT DARMSTADT

[5] Zitiert nach ebd., S. 32.

[6] Online abrufbar unter: https://archive.org/ details/derstadtebaunach00sitt (abgerufen: 16.06.2021).

[7] Vgl. Hanno-Walter Kruft: *Geschichte der Architekturtheorie*. München 1991, S. 365–367; Vittorio Magnago Lampugnani: *Die Stadt im 20. Jahrhundert. Visionen, Entwürfe, Gebautes*, Band 1. Berlin 2010, S. 95–98.

[8] Zitiert nach Lampugnani 2010, S. 97.

[9] Vgl. ebd.

Amtlicher Stadtplan der Stadt Darmstadt 1910

Es sind genau diese Argumente, die den Blick auf das nur wenige Jahre zuvor, 1889, publizierte Buch von Camillo Sitte lenken: *Der Städtebau nach seinen künstlerischen Grundsätzen*[6]. Sitte, Direktor der k.u.k. Kunstgewerbeschule in Wien, entwickelt hierin aus dem Studium historischer Städte die Theorie sogenannten malerischen Städtebaus, die sich von dem in jenen Jahren üblichen und auch in Darmstadt praktizierten, abschätzig „Geometerstädtebau" genannten Städtebau grundlegend unterscheidet.[7]

Der im Wiener k.u.k.-Historismus verankerte Architekt Sitte nutzte die Erkenntnisse aus dem Studium alter Städte, um daraus für die Gegenwart zu lernen. Hierfür suchte er nach Gesetzmäßigkeiten, um daraus Kompositionsregeln zu entwickeln. Dabei stand allerdings, wie Vittorio Magnago Lampugnani es formulierte, „was er mit Hilfe seiner wissenschaftlichen Analyse zu finden erheischte, [...] von Anfang an fest: miteinander optisch eng verbundene Bauten, schmale, gewundene Straßen mit immer neue Ausblicken, überschaubare Plätze mit weitgehend geschlossenen Wänden, asymmetrisch arrangierten Denkmälern und freier Mitte, welche sich möglichst zu Platzgruppen und Platzsequenzen addieren sollten."[8] Er wollte somit die Vergangenheit nicht ergründen, sondern sich von ihr bestätigen lassen.[9]

Ergänzt wurde Sittes Theorie durch Überlegungen just jenes Stübben, dem Henrici die erste Planung des Paulusviertels zuschrieb und der 1890 in Darmstadt erstmals sein Buch *Der*

[10] Josef Stübben: *Der Städtebau* (Handbuch der Architektur, 9. Halbband). Darmstadt 1890.

[11] Vgl. Gehrig 2014.

Städtebau[10] publiziert hatte. In diesem hatte Stübben auch rechtliche Fragen des Städtebaus angesprochen.

Pützer kannte diese aktuellen Publikationen aus seinem Studium in Aachen, und er setzte die neuen Überlegungen in seiner Planung des Paulusviertels ab 1900, aber auch in den Planungen des Arbeiterviertels Merck (1903–1906) und der Siedlung Buchschlag (1904) um. Dies wird exemplarisch etwa daran sichtbar, dass er die historischen Wege nicht überplante, sondern als Ausgangpunkte der Planung nutzte.

Friedrich Pützer, Haus Müller, undatierte Postkarte, ca. 1901

Das Paulusviertel, damals noch „Villenkolonie Böllenfalltor", später „Herdwegviertel" genannt, wurde, anders als die Moller-Vorstadt, nicht in der Ebene, sondern in einen Hang eingefügt. Die Wege und Straßen fügen sich in diese Topografie ein und erschließen das Wohngebiet über sanft gebogene Straßen und Wege.

Der aus der Mitte gerückte Paulusplatz bildet das Zentrum des Viertels. Er wird von Süden über den senkrecht auf den Platz zuführenden Niebergallweg, von allen anderen Seiten mittels tangential um die Grünfläche in der Platzmitte geführte Straßen erreicht. Pützers Pauluskirchen-Ensemble aus Kirche, Pfarrhaus und Küsterhaus begrenzt den Platz auf seiner östlichen Seite, während das Gebäude der Landeshypothekenbank – erbaut von Pützers Kollege Paul Meissner – den Platz auf westlicher Seite abschließt. Beide entstanden zeitgleich und bilden ein spannungsreiches Ensemble.

Die Wohnstraßen des Viertels plante Pützer für eine offene Bebauung mit Villen in großen Gärten. Geplant wurden die Häuser durch die an der Technischen Hochschule (TH) in Darmstadt lehrenden Architekten Karl Hofmann, Heinrich Walbe, Georg Wickop und Pützer selbst sowie den auch überregional bekannten Architekten Wilhelm Koban, des Weiteren durch Alfred Messel und Heinrich Metzendorf, um nur die bedeutendsten zu nennen.[11] Die Villen tragen häufig Fachwerkgiebel, tief herabgezogene Dächer, verschindelte Erker und Türmchen und greifen damit Formen der traditionellen Architektur in Südhessen auf, von der sie sich zugleich durch die großbürgerlichen Raumtypologien und die Freistellung auf großen Gartengrundstücken stark unterscheiden.

Zeitgleich zur Planung des Paulusviertels überarbeitete Joseph Maria Olbrich die Planung für die südliche Hälfte des Landschaftsparks der Mathildenhöhe. Diesen hatte Erbgroßherzog

Ludwig, der Enkel von Großherzog Ludewig I., ab 1833 anlegen lassen. Er befand sich seitdem im Besitz der großherzoglichen Familie. Folglich hatte der junge Großherzog Ernst Ludwig darauf direkten Zugriff und konnte 1897 den an der TH Darmstadt lehrenden Architekten Hofmann mit der Erstellung eines Bebauungsplanes für eine Villenkolonie mit Einzel- und Doppelvillen sowie Reihenhäusern auf dem Gelände des großherzoglichen Parks auf der Mathildenhöhe beauftragen.[12]

Auch Hofmann setzte in seinem städtebaulichen Konzept in geradezu idealer Weise die aktuellen Forderungen des malerischen Städtebaus um, indem er die geschwungen auf die Höhe führenden Parkwege zu Wohnstraßen ausweitete und die Grundstücksbegrenzungen harmonisch in den Bestand einfügte.[13] Er konnte dadurch nicht nur große Teile des kostbaren Baumbestands bewahren, sondern berücksichtigte die Bäume auch, wo immer möglich, bei der Positionierung der projektierten Häuser.

[12] „Bebauungsplan der Mathildenhöhe", in: Beilage zum *Darmstädter Tagblatt*, 25.10.1897, Stadtarchiv Darmstadt.

[13] Sichtbar bis heute am Mathildenhöhweg und am Olbrichweg sowie an der Grünanlage am Eugen-Bracht-Weg.

·DARMSTADT ·MATHILDENHÖHE· NICOLAIWEG·

Friedrich Pützers Haus Herta am oberen Ende des Nicolaiwegs, o.D.

Den Anfang der Mathildenhöhen-Bebauung machte Hofmann selbst: Er plante drei heute verlorene Häuser am Nikolaiweg, und zwar die Hausnummern 4, 6 und 14, in eklektizistischem Stil. Sie flankierten damit den Hauptzugang zur Mathildenhöhe auf westlicher Seite, also am Zugang von der tiefer liegenden Altstadt.

Mit der Gründung der Künstlerkolonie Darmstadt 1899 und dem Plan, auf der Mathildenhöhe 1901 die erste Bauausstellung mit voll ausgestatteten, für die Dauernutzung geplanten Wohnhäusern zu veranstalten, veränderte sich die architektonische Konzeption des Ostteils des Baugebiets auf der Mathildenhöhe grundlegend.

Olbrich, der aus Wien nach Darmstadt berufene Architekt und Gestalter, konzipierte in der Osthälfte des Südhangs für den Großherzog ein Ensemble von Bauten, die prototypisch für die Suche nach einem radikal neuen Ansatz für Architektur und Kunstgewerbe stehen: die Künstlerhäuser und das Ernst-Ludwig-Haus, bei denen er nicht nur an die Überlegungen der Wiener Secession anknüpfte, sondern frühere Reiseeindrücke aus Tunesien verarbeitete. Die Westseite dagegen wurde weitgehend entsprechend der Planungen Hofmanns bebaut – durch die Architekten der Künstlerkolonie, vor allem aber durch die Architekten der TH

[14] Vgl. Regina Stephan: „Die gebaute Architekturdebatte – Die Mathildenhöhe, der Großherzog und seine These von Ehrgeiz und Friktion", in: Landesamt für Denkmalpflege Hessen (Hg.): *„Eine Stadt müssen wir erbauen, eine ganze Stadt!". Die Künstlerkolonie Darmstadt auf der Mathildenhöhe* (Arbeitshefte des Landesamtes für Denkmalpflege Hessen. ICOMOS – Hefte des Deutschen Nationalkomitees LXIV, Band 30). Wiesbaden 2017, S. 190–200.

[15] Natürlich auch an anderen Orten, zum Beispiel Metzendorf, der zahlreiche Wohnhäuser und Siedlungen entlang der Bergstraße realisieren konnte. Vgl. Dominic Delarue/Thomas Kaffenberger: *Heinrich Metzendorf und die Reformarchitektur an der Bergstraße.* Worms 2013.

Städtisches Hochbauamt Darmstadt, Plan der Mathildenhöhe, 1920

Darmstadt sowie der regionalen und überregionalen Architekturszene: etwa Metzendorf, Pützer und Paul Wallot, um nur wenige zu nennen.[14] Stilistisch gingen sie in gleicher Weise wie im Paulusviertel vor; eklektizistische Bauformen sind dagegen selten: Sie finden sich nur bei Hofmann und Wallot.

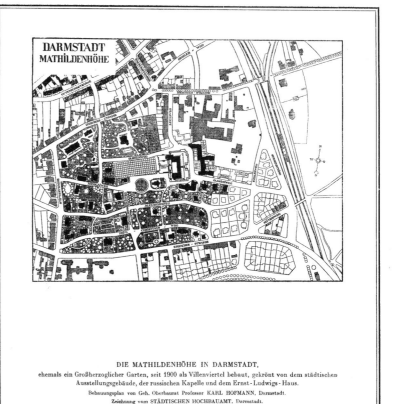

DIE MATHILDENHÖHE IN DARMSTADT,
ehemals ein Großherzoglicher Garten, seit 1900 als Villenviertel bebaut, gekrönt von dem städtischen Ausstellungsgebäude, der russischen Kapelle und dem Ernst-Ludwigs-Haus.
Bebauungsplan von Geh. Oberbaurat Professor KARL HOFMANN, Darmstadt.
Zeichnung vom STÄDTISCHEN HOCHBAUAMT, Darmstadt.

Darmstadt und Umgebung *   81

Die Professoren der TH Darmstadt und ihre hessischen Kollegen planten somit zeitgleich Wohnhäuser auf der Mathildenhöhe und im Paulusviertel.[15] Die Mathildenhöhe wurde dadurch zu einem einzigartigen Ort, denn dort bauten Architekten aller architektonischen Strömungen der Zeit: des Jugendstils, der Reformarchitektur und des Eklektizismus. Dadurch, dass sie zugleich der erste Ort war, dessen für eine Bauausstellung errichteten und voll ausgestatteten Häuser ein nationales und internationales Publikum anzogen, konnte die Mathildenhöhe im vergleichenden Sehen Anteil am Ringen um die neue Architektur für eine neue Zeit nehmen.

[1] Vgl. Annegret Holtmann-Mares/Mona Sauer: „Werkverzeichnis Friedrich Pützers", in: Regina Stephan (Hg.): *„in die Umgebung hineingedichtet". Bauten und Projekte des Architekten, Städtebauers und Hochschullehrers Friedrich Pützer (1871–1922)*. Baunach 2015, S. 164–167.

Friedrich Pützer, Doppelhaus Becker-Bornscheuer, o.D., nach 1900

Regina Stephan

Villen und Wohnhäuser in Darmstadt

Friedrich Pützer war auch als Architekt von Wohnhäusern viel beschäftigt, wie ein Blick in sein Werkverzeichnis zeigt: In den zwölf Jahren zwischen 1899 und 1911 realisierte er 15 Wohnhäuser und Villen, zudem eine Arbeitersiedlung und mehrere Pfarrhäuser.[1]

Auf den spektakulären Auftakt mit dem Burghaus Ficht-Classen noch in Aachen (1899–1901) folgten in enger Taktung aufwendig gestaltete großbürgerliche Wohnhäuser in Darmstadt. Zwischen 1900 und 1909, also in den zentralen Jahren der Künstlerkolonie auf der Darmstädter Mathildenhöhe, konnte Pützer in unmittelbarer Nachbarschaft zu den Künstlerkoloniehäusern von Joseph Maria Olbrich und Peter Behrens das Doppelhaus Becker-Bornscheuer, die Villa Ramspeck, genannt Herta, das Haus Dr. Mühlberger und das Haus Leydhecker errichten.[2]

Tief gezogene Satteldächer, mit Fachwerk verzierte oder verschindelte Giebel, Erker und Türmchen erzeugten ein mannigfaltiges, auf traditionellen Bauformen basierendes äußeres Erscheinungsbild, während die Grundrissorganisation den neuesten Tendenzen folgte: mit Wohndiele beziehungsweise Halle und Wintergarten als bedeutende gesellschaftlich genutzte Räume des Erdgeschosses.

Pützers eigenes großes Wohn- und Ateliergebäude von 1908/09 unterscheidet sich aufgrund seiner klaren Kubatur und reduzierten Detaildurchbildung stark von den nur wenig älteren Häusern. Das Haus ist ein Künstlerhaus, vergleichbar mit jenen von Olbrich und Behrens der ersten Künstlerkolonieausstellung 1901, denn es verbindet das Privathaus der Familie mit dem Atelier, und zwar über die zentrale zweigeschossige Diele.[3] Olbrichs Entwürfe für die Wohnhäuser der Gartenstadt am Hohlen Weg von 1907 könnten Pützer zu dieser sehr viel schlichteren Gestaltung inspiriert haben, die die Architektur der 1920er-Jahre schon erahnen lässt.

Während es Olbrich nicht gelang, in Darmstadt außerhalb der Mathildenhöhe Aufträge für Wohnhäuser zu akquirieren, konnte Pützer mehrere Wohnhäuser und für die Firma Merck 1903–1906 sogar eine Arbeitersiedlung realisieren. Diese folgte den neuesten Grundsätzen des malerischen Städtebaus und bot den Arbeiterfamilien varianten- und detailreich gestaltete, an ortsüblichen Bauformen orientierte Wohnhäuser, die zu einem malerischen Ensemble gefügt waren.[4]

Im Jahr 1900 wurde Pützers Bebauungsplan für das Paulusviertel genehmigt, das zeitgleich mit der Mathildenhöhe entstehende größte neue Villenviertel Darmstadts, dessen Gestaltung gleichfalls durch die großherzoglichen Behörden genehmigt werden musste. Gewünscht war eine „gefällige, zweckmäßige und der Örtlichkeit angepasste Bauweise."[5] Die insgesamt 120 Wohnhäuser wurden von den wichtigsten hessischen Architekten der Zeit geplant, darunter auch eines von Pützer. Mit seinem Fachwerkgiebel und dem steilen Sattelbach fügt sich dieses Haus Müller nahtlos in sein zeitgleiches Œuvre auf der Mathildenhöhe ein.

Das prachtvollste Anwesen baute Pützer 1903/04 für das Fürstenpaar Leopold und Olga von Isenburg auf einem großen, von weitläufigen Streuobstwiesen und Wald umgebenen Grundstück östlich von Bessungen. Neben dem aufwendig gestalteten und ausgestatteten Herrenhaus gehörten zum Haus im Loss Remisen, Ställe und ein Motorhaus in einfacherer Gestaltung.[6]

Obgleich einige seiner Häuser in Darmstadt im Laufe des Zweiten Weltkriegs beschädigt und anschließend verändert wieder aufgebaut oder wie die Arbeitersiedlung später abgerissen wurden, vermitteln die verbliebenen Bauten in ihrer variantenreichen, handwerklich äußerst

[2] Siehe hierzu Regina Stephan: „Pützers erste Wohnhäuser auf der Mathildenhöhe, 1900–1905", in: dies. 2015, S. 89–92.

[3] Vgl. Regina Stephan: „Das Haus Pützer in Darmstadt, 1908–1909", in: dies. 2015, S. 144–148.

[4] Die Siedlung wurde in den 1970er-Jahren abgerissen. Siehe hierzu Claudia Dutzi: *Heimat aus zweiter Hand. Die Arbeitersiedlung Merck in Darmstadt und ihr Architekt Friedrich Pützer.* Darmstadt/Marburg 1990.

[5] Zitiert nach Gerlinde Gehrig: „Das Paulusviertel in Darmstadt, 1900", in: Stephan 2015, S. 86–88, hier: S. 87.

[6] Vgl. Regina Stephan: „Das Haus im Loss in Darmstadt, 1903–04", in: dies. 2015, S. 104–107.

[7] Petra Tücks beschreibt diesen Anbau, ohne den Architekten zu benennen, in: Petra Tücks: *Das Darmstädter Neue Palais. Ein fürstlicher Wohnsitz zwischen Historismus und Jugendstil* (Quellen und Forschungen zur hessischen Geschichte, Band 148). Darmstadt/Marburg 2005, S. 86. Auf S. 93 ist das Innere der Vorhalle abgebildet.

[8] Vgl. ebd., S. 86.

präzisen Ausführung einen hervorragenden Eindruck von der hohen Bauqualität, die allen Pützer-Bauten gemein ist. Zusammen mit den guten, zeitgemäßen Grundrisslösungen dürfte sie der Grund sein, weshalb Pützer in derart enger Taktung Aufträge für Wohnhäuser erhielt – auch im weiteren Umkreis: etwa in der Siedlung Buchschlag bei Frankfurt am Main, deren städtebaulichen Entwurf Pützer verantwortete und deren Bebauung er durch zwei Wohnhäuser bereicherte. Hinzu kamen Wohnhäuser in Dortmund, Fulda, Homberg-Essenberg, Krefeld und Wuppertal-Barmen.

Das Werkverzeichnis nennt einen undatierten Anbau an das Palais des Großherzogs von Hessen. Möglicherweise ist damit der 1902 von Großherzog Ernst Ludwig veranlasste Anbau einer geschlossenen Vorhalle an das Neue Palais gemeint.[7] Dessen Wandgestaltung aus – vermutlich – Stuckmarmor, die Bogendekoration mittels Stuckbändern und die achteckigen flachen Kassetten des Tonnengewölbes machen eine Zuschreibung an Pützer denkbar. Die Elektrifizierung des Anbaus verantwortete Erasmus Kittler und damit der Inhaber der weltweit ersten Professur für Elektrotechnik. Mit ihm kooperierte Pützer zeitgleich, 1901–1904, beim Bau des Turms der Technischen Hochschule in Darmstadt.[8] Leider lässt sich aufgrund des Verlusts der kompletten Bauakten Darmstadts in der Folge der schweren Luftangriffe 1944 und 1945 nicht mehr verifizieren, ob Pützer den Anbau an das Neue Palais geschaffen hat. Doch auch so wird sehr deutlich, dass Pützers Wohnbauten von der Darmstädter Stadtgesellschaft bis hin zum Großherzog besonders geschätzt wurden.

Friedrich Pützer, Haus Leydhecker, o.D. nach 1904

Friedrich Pützer, Innenraum im Haus Dr. Mühlberger

Friedrich Pützer, Haus Dr. Mühlberger, Mathildenhöhe, o.D. nach 1905

Friedrich Pützer, Innenraum Haus Dr. Mühlberger

Innenräume des Hauses Pützer, o.D. nach 1909

Darmstadt. Hauptbahnhof. Hauptgebäude.

Nikolaus Heiss

Der Darmstädter Hauptbahnhof: Zwischen Traditionalismus und Moderne

Die wichtigsten Gebäude des 1912 eingeweihten Darmstädter Hauptbahnhofs sind Entwürfe des Architekten Friedrich Pützer. Empfangsgebäude, Fürstenbahnhof, Bahnsteighalle und die umgebenden Bauwerke bilden Darmstadts größtes unter Denkmalschutz stehendes technisches Ensemble. Es vereint in sich künstlerische, technische, geschichtliche und städtebauliche Aspekte.

[1] Vgl. Friedrich Schultze/Gustav Meyer: „Das neue Empfangsgebäude auf dem Hauptbahnhof in Darmstadt", in: *ZDB*, Nr. 11, 1914, S. 85–88, hier: S. 88.

[2] Otto Sarrazin/Friedrich Schultze: „Wettbewerbe für Vorentwürfe zum Empfangsgebäude auf dem neuen Hauptbahnhof in Darmstadt", in: *ZDB*, Nr. 17, 1908, S. 118–120, hier: S. 118.

[3] Vgl. ebd., S. 119: Klingholz hatte zwei Entwürfe eingereicht: Der Entwurf „Utz" wurde prämiert, der Entwurf „Claybock" angekauft.

[4] Ebd.

[5] Vgl. Schultze/Meyer 1914, S. 88.

Mit Beginn des Eisenbahnzeitalters ab etwa 1820 entstand die Bauaufgabe der Stationsbauten. Am 1. August 1846 wurde für die erste hessische Eisenbahnstrecke von Frankfurt-Sachsenhausen nach Heidelberg in Darmstadt das erste Bahnhofsgebäude errichtet. Der Durchgangsbahnhof der Main-Neckar-Bahn am heutigen Steubenplatz war ein schlossartiges, vom sogenannten Sections-Ingenieur Lichthammer im klassizistischen Stil entworfenes Gebäude mit dreigeschossigem Mittelpavillon und zweigeschossigen Eckpavillons parallel zu den überdachten Gleisen. Die Gleise selbst waren mit einer Gusseisen-Stahl-Konstruktion überdacht. 1856 wurde im Zuge des weiteren Bahnnetzausbaus durch die Hessische Ludwigs-Eisenbahn die Rhein-Main-Bahn zwischen Mainz und Aschaffenburg erstellt. Sie erhielt in Darmstadt mit dem Ludwigsbahnhof einen Kopfbahnhof, dessen Empfangsgebäude 1875 nach Plänen des Mainzer Baumeisters Philipp Johann Berdellé (1838–1903) errichtet wurde. Ein weiterer Ausbau erfolgte ab 1870 mit dem Bau der Odenwaldbahn, in dessen Gefolge auch ein Waggonausbesserungswerk westlich der Kasinostraße entstand.

Mit der wachsenden Attraktivität des Bahnverkehrs nahm die Zugfrequenz zu. Dies führte in Darmstadt wegen des niveaugleichen Bahnübergangs der Main-Neckar-Bahn im Westen zu einer Abschnürung. Außerdem brachte die Anordnung zweier nebeneinanderstehender Bahnhöfe funktionale Nachteile und Unbequemlichkeiten für die Fahrgäste.[1] Aus diesen Gründen entbrannte ab 1901 eine jahrelange Diskussion über die künftige Ausgestaltung der Bahnanbindung Darmstadts. Erst 1906 wurde beschlossen, die beiden Bahnhöfe zusammenzufassen und 700 Meter weiter nach Westen zu verlegen. Mit dem Neubau sollten durch Absenkung der Bahnstrecke gefahrlose Querungen durch Straßen ermöglicht werden. Der Haupteingang zum Empfangsgebäude sollte ca. 6 Meter über den Gleisanlagen liegen.

Wettbewerb von 1907

Die Funktionsabläufe, die gesamten technische Einrichtungen und die ungefähre Lage der Gebäude des neuen Bahnhofs plante die Königlich Preußische und Großherzoglich Hessische Eisenbahndirektion Mainz. Für ein repräsentatives Empfangsgebäude, die weiteren Gebäude und die städtebauliche Konzeption unter Einbeziehung städtischer Flächen lobte sie hingegen 1907 einen deutschlandweiten Architekturwettbewerb aus, für den 75 Entwürfe eingereicht wurden: „zum Teil recht tüchtige Leistungen"[2]. Zur Jury gehörten einige bekannte Baumeister wie Alfred Messel (1853–1909) aus Berlin, Joseph Hoffmann (1870–1956) aus Wien, Bruno Möhring (1863–1929) aus Berlin, Friedrich von Thiersch (1852–1921) aus München und Wilhelm Kreis (1873–1955) aus Dresden. Ein alleiniger erster Preis konnte nicht vergeben werden, weil keiner der Entwürfe allen Anforderungen gerecht wurde. So teilte man ihn unter den zwei besten Entwürfen auf: dem Entwurf „Utz" von Fritz Klingholz (1861–1921)[3] mit der besseren Grundrisslösung und dem Entwurf von Friedrich Pützer, dem eine günstigere architektonische, der städtebaulichen Situation angemessene Lösung bescheinigt wurde. „Eigenartig und an die in Darmstadt herrschende Kunstrichtung anklingend wirkt der sehr geschickt dargestellte Entwurf."[4] Folgerichtig wurde deshalb Pützer mit der Ausarbeitung eines neuen Entwurfs unter Zugrundelegung der Grundrisslösung von Klingholz betraut.[5] Dieser ermöglichte mit der quer liegenden Haupthalle einen östlichen und einen südlichen Eingang.

Mit einem zweiten Preis bedachte die Jury den Entwurf „Stephenson" von Joseph Maria Olbrich (1867–1908), dem vornehme Ruhe bescheinigt wurde, der aber eher an kirchliche Baukunst erinnere. Zwei dritte Preise gingen an die Entwürfe von Karl Bonatz (1882–1951), Georg Martin und Bruno Taut (1880–1938) – dessen ruhige Haltung der Architektur hervorgehoben wurde – sowie an jenen von Wilhelm Brurein (1878–1932), dessen Geschlossenheit Würdigung erfuhr.[6]

[6] Vgl. Sarrazin/Schultze 1908, S. 118.

[7] Vgl. Max Streese: „Zur Eröffnung des neuen Bahnhofes Darmstadt", Beilage zum *Darmstädter Tagblatt,* 27.04.1912, S. 87.

[8] Der Poststeg wurde aufgrund eines Missverhältnisses von Nutzen und Kosten 1994 gegen den Willen der Denkmalpflege abgebrochen.

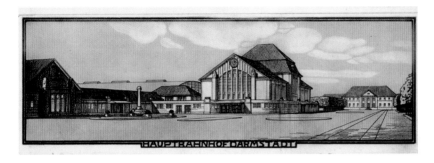

Friedrich Pützer, Perspektivische Ansicht des Ensembles Fürstenbahnhof, Hauptbahnhof, Bahnhofsplatz und Hauptpost Darmstadt, o.D. ca. 1907

Städtebauliche Anlage

Pützer plante entsprechend der Bahnvorgaben ein Empfangsgebäude mit nördlich angegliederter Bahnmeisterei und südlich einen Vorplatz mit Brunnenanlage, räumlich gefasst vom Fürstenbahnhof und einem Verwaltungsgebäude. Von ihm stammt auch die gesamte Platzanlage mit dem Gebäude des Verkehrsvereins als südlichem Abschluss. Der Baublock schräg gegenüber des Empfangsgebäudes gab dem Bahnhofsvorplatz mit dem von Mahr und Markwort geplanten Bahnhofs- und Posthotel seine nordöstliche Fassung. Entwerfer des Postgebäudes war der Frankfurter Architekt Friedrich Heinrich Ludwig Sander.

Sämtliche technischen Anlagen plante die Mainzer Eisenbahndirektion, für die Regierungs- und Baurat Friedrich Mettegang für alle anderen Hochbauten, wie Nordbahnhof, Südbahnhof, Wasserturm, Wohn- und Dienstgebäude am Dornheimer Weg, als Architekt zuständig zeichnete.

Funktional am schwierigsten war die Orientierung des Empfangsgebäudes zur Stadt hin, denn es gab zwei wichtige Zugänge: eine von Osten über die Griesheimer Allee, die heutige Mornewegstraße, und eine von Süden über die Breite Allee, die heutige Rheinstraße. Um beide Ausrichtungen zu berücksichtigen, musste das Bahnhofsgebäude zwei möglichst gleichwertige Eingänge erhalten, die beide in die Empfangshalle münden. Von hier aus gelangt der Besucher ebenerdig über den rund 9 Meter breiten Personensteg zu den ungefähr 6 Meter tiefer liegenden Bahnsteigen, die über Treppen zu erreichen sind. Die technisch-konstruktive Ausarbeitung der Perronhalle erfolgte durch Ingenieur August von der Eisenbahndirektion.[7] Ebenfalls von der Haupthalle wurde über die Gepäckabfertigung das Gepäck der Reisenden zu einem Gepäcksteg geführt und von dort zu den Zügen befördert. Selbst der Fürst konnte über einen an den Gepäcksteg angeschlossenen Fürstensteg unmittelbar und unbeobachtet zu den Bahnsteigen gelangen. Auf gleiche Weise geschah die Verteilung der Post über den an das Postgebäude angebauten Poststeg.[8]

Die zweigeschossige Bahnsteighalle erhielt wegen ihrer modernen Funktionalität in der zeitgenössischen Presse große Anerkennung: „Und schon beim ersten Blick auf die Gleise

[9] Streese 1912, S. 37.

[10] Gustav Pauli (Hg.): *Alfred Lichtwark. Reisebriefe*, Band 2. Hamburg 1924, S. 414, zitiert nach Max Guther: „Friedrich Pützer aus Aachen in Darmstadt. Ganz persönliche Plauderei mit dem Jubilar", in: *Zwischen Transformation und Tradition. Städtebau in der zweiten Hälfte des 20. Jahrhunderts. Gerd Albers zum 60. Geburtstag*. Darmstadt 1979, S. 7–28, hier: S. 26.

[11] Streese 1912, S. 87.

erhält die Behauptung Beweiskraft, daß dieser Bahnhof, was Übersichtlichkeit der Gleis-anlagen usw. betrifft, tatsächlich bis jetzt einzig dasteht. Auch den beiden nach gleichen Gesichtspunkten angelegten neuen Bahnhöfen Hamburg und Lübeck fehlt diese Übersicht. In ganz Deutschland ist Darmstadts Bahnhof der erste dieser Art und seine Anlage wird bahnbrechend sein."[9] Und auch der Hamburger Kunsthistoriker Alfred Lichtwark (1852–1914) würdigte den städtebaulichen Ansatz des Darmstädter Hauptbahnhofs in seinen Reisebriefen: „Er ist strenge in der Form gehalten, die der Eisenbetonstil an die Hand giebt, und wirkt ungemein sachlich. Wie in England und bei unserem Hauptbahnhof [Hamburg] sind die Verbindungstunnels vermieden. Aller Verkehr von Gleis zu Gleis geht über oberirdische und, wie mir scheint, sehr bequeme Treppen."[10]

Der Hauptbahnhof von Norden, o.D. nach 1912

Darmstadt.   Bahnhofanlage.   Blick vom Dornheimerweg.

Architektur

Aber auch in Bezug auf die Architektur des Darmstädter Bahnhofs war die zeitgenössische Presse voll des Lobes: „Man wird vergeblich suchen in dem Kranz der deutschen Städte, um einen Bahnhofsplatz von gleicher Schönheit, von gleicher Geschlossenheit der architekto-nischen Gestaltung, trotz der überall betonten Zweckmäßigkeit, zu finden."[11]

Die Bahnhofsgebäude sind in Ziegelmauerwerk konstruiert und innen mit Putz, Kacheln, glasierten Klinkern oder Holz verkleidet. Die äußere Hülle besteht aus Muschelkalk und Tuffstein. Das Tragwerk der Sattel-, Walm- und Mansarddächer über dem Tonnendach und der Kuppel der Empfangshalle besteht aus genieteten Stahlfachwerkbindern und Stahl-pfetten, auf denen hölzerne Sparren für das Ziegeldach lagern. Die Stahlkonstruktion trägt unterseitig die innenarchitekturbildenden Scheingewölbe, die aus einer wenige Zentimeter dicken Gipsschale bestehen.

Das quer gelagerte Empfangsgebäude ist in zwei satteldachbedeckte Seitenflügel und einen überhöhten Mittelpavillon mit Mansard-Walmdach gegliedert. Einziges Architekturelement im Dach war die nicht mehr existierende Uhr, die in Form einer Dachgaube aufgesetzt war. Unter dem schlichten Dach entwickelt sich eine vielfältig gegliederte Fassade mit über-höhten, dreifach gekuppelten Fensteröffnungen in den Seitenflügeln, dominiert von einem zwischen zwei mächtigen Pfeilern gelegenen thermenartigen, in sieben Glasfelder geteilten Mittelfenster. Durch die enge Stellung der gliedernden Fensterpfeiler entsteht im Gegensatz zur beherrschenden Horizontalen eine ausgeprägte Vertikalität in der Binnengliederung und eine spannungsreiche Rhythmisierung der Fensteröffnungen. Hinter den großzügigen, wellenförmig fein gesprossten Fenstern mit ovalen Buntglasmedaillons verbirgt sich im Süd- und im Mittelteil die große Empfangshalle, im nördlichen Teil hingegen die Wartesäle I. und II. Klasse.

Der Zugang zum Empfangsgebäude auf der Stirnseite des Südflügels, der wegen der städtebaulichen Besonderheit gleichwertig sein musste, weist dementsprechend ein motivisch entsprechendes Thermenfenster in gleicher Größe auf. Eine auf der Süd- und Ostseite um rund 3 Meter vorspringende Sockelzone mit kleineren, vierfach gekuppelten, ebenfalls rhythmisch gesetzten Fenstern gibt den Fassaden ein ausladendes Fundament, in dem jeweils unter den Thermenfenstern die mit einem Vordach geschützten Eingänge angeordnet sind. In diesem Bereich waren die Fahrkartenausgabe sowie Neben- und Gasträume untergebracht. Heute befinden sich hier Ladenflächen.

Den 38 Meter langen, 16 Meter breiten und 15 Meter hohen Hauptraum des Empfangsgebäudes hat Pützer mit seiner umlaufenden großzügigen Befensterung als eine lichtdurchflutete feierliche Halle von fast sakralem Charakter gestaltet. Die würdevolle Innenarchitektur findet ihren oberen Abschluss in gewölbten Kassettendecken mit diagonal gestelltem Muster und großen Stuckblüten auf Rosetten in jedem zweiten Kreuzungspunkt. Fünf massige Pfeiler aus Klinkersteinen mit großen Kapitellen auf jeder Hallenseite scheinen das weitgespannte Gewölbe zu tragen. In Wahrheit ist das Gewölbe nur ein Scheingewölbe aus einer dünnen Gipsschale, die an der Dachkonstruktion befestigt ist. Dennoch ist die architektonische Wirkung kraftvoll und überzeugend. Nicht mehr erhalten sind die aus Klinkern gemauerten Kassenhäuschen der Fahrkartenausgabe zwischen den Pfeilern, der Terrazzoboden, die große Wanduhr in der Rundung der Stirnseite, die künstlerisch aufwendig gestalteten Eingänge zu den Wartesälen der I. bis IV. Klasse sowie der einst die Halle dominierende Brunnen mit vergoldetem Kugelkopf von Ernst Riegel (1871–1939) zwischen diesen Eingängen. Erhalten dagegen sind die schweren eisernen Eingangspendeltüren aus genieteten Stahlblechen mit großen Glasöffnungen und integrierter Lampe. Ihre Konstruktion und Materialität signalisieren dem Besucher bereits hier die Funktion als Eisenbahngebäude.

Neben der Vielzahl bauplastischer Elemente werden wichtige Teile der Fassaden von Halb- und Hochreliefs betont, welche ausnahmslos von dem auch an der Künstlerkolonie Mathildenhöhe und der Sprudelhofanlage in Bad Nauheim beteiligten Bildhauer Heinrich Jobst (1874–1943) geschaffen wurden. Die beiden Eckpfeiler des Mittelbaus tragen im oberen Teil zwei Hochreliefs mit antikem Bezug: Links bezwingt Herkules den Nemeischen Löwen und rechts den kretischen Stier. Ein möglicher Sinnbezug wäre die Bändigung starker Kräfte, wie die des Dampfes durch den Menschen. Auf den Pfeilern des Südeingangs ruhen mit weiblichen und männlichen Masken geschmückte Postamente für Vasen. Der Mittelbau des Fürstenbahnhofs wird von einem fürstlichen Wappenrelief geschmückt. Beidseitig des Fürsteneingangs tragen je zwei Putten eine fürstliche Krone.

Fürstenbahnhof

Der Fürstenbahnhof, damals als Fürstenpavillon bezeichnet, diente der Repräsentation. Hier sollten Staatsgäste empfangen und verabschiedet werden. Dementsprechend war die Ausstattung höherwertig. Den Bau selbst hat Pützer stilistisch und im Material den übrigen Gebäuden angepasst, ihn jedoch durch einen großzügigen Vorplatz mit einer Brunnenanlage hervorgehoben. Der Verkehrsvereinsbrunnen aus bayerischem Granit erhielt eine vergoldete Bekrönung, gestaltet vom Goldschmied und Bildhauer Riegel.

Der zum Platz hin eingeschossige Baukörper mit betontem Mittelpavillon erstreckt sich in ansehnlicher Breite entlang des Platzes und hat seinen Zugang asymmetrisch im südlichen Teil. Im Mittelbau lagen das Empfangszimmer und das Fürstenbüro. Darunter befand sich die Fürstenhalle, die unmittelbar einen Zugang zum Bahnsteig 1 hatte. Zwischen dem Erdgeschoss und der darunterliegenden Halle gab es mit einem elektrischen Personenaufzug eine technische Neuerung. Die Räume waren ausgestattet mit keramischen glasierten Kacheln und Formstücken der Großherzoglichen Keramischen Manufaktur, die 1906 von Großherzog Ernst Ludwig initiiert und vom Keramiker Jakob Julius Scharvogel (1854–1938) betrieben wurde. Von der ursprünglichen Innenraumgestaltung sind noch wenige Teile erhalten, so der ehemalige Windfang und der Gefolgeraum, in dem sich noch ein Wandbrunnen aus keramischen Fliesen befindet.

Pavillon des Verkehrsvereins und Wandbrunnen

Den südlichen Abschluss der städtebaulichen Anlage bildet der in der Platzachse stehende eingeschossige, walmdachgedeckte kleine Pavillon des Verkehrsvereins, der zum Platz hin gewendet in klassizistischer Weise einen Säulengang mit vier dorischen Säulen aufweist. Das zugehörige Grundstück ist von einer hohen Mauer umgeben, in die auf der Ostseite ein schmuckvoller Wandbrunnen von Heinrich Jobst integriert ist. Der konkave gebogene Steinbrunnen mit einem ovalen Becken trägt ein von zwei Putten gerahmtes großherzogliches Wappen. Vier Speier ergießen ihr Wasser über Muscheln in das Becken.

Fazit

Das Bestreben vieler Architekten um und vor allem nach 1900 war die Suche nach einer Erneuerung der Architektur – in Abkehr von der konservativen Haltung des Historismus. Während die mutigsten Künstler in Darmstadt, wie Joseph Maria Olbrich und Peter Behrens auf der Mathildenhöhe wirklich neue Wege hin zur Moderne beschritten, orientierten sich andere, wie Pützer und August Buxbaum, an traditionellen Bauweisen und Formen und entwickelten daraus einen architektonischen Neubeginn. Der Begriff des Jugendstils, wie er oft auf die Architektur des Darmstädter Hauptbahnhofs angewandt wird, trifft sicher nicht auf den in sich ruhenden, traditionell wirkenden Gebäudekomplex mit Sattel-, Walm- und Mansarddächern zu, ebenso wenig auf die zitathafte Verwendung von Formelementen aus der klassischen Baukunst, wie dem Eierstab, dem Zahnschnitt, der Volute und dem Giebeldreieck. Einige Details, wie die Wellensprossen der Fenster oder der Wandschmuck aus der Großherzoglichen Keramischen Manufaktur, entsprechen dennoch dem Formenrepertoire einer modernen Architekturauffassung.

DARMSTADT.   HAUPTBAHNHOF

Darmstadt.   Hauptbahnhof.   Wartesaal I. u. II. Klasse.

Darmstadt.   Hauptbahnhof.   Wartesaal III. u. IV. Klasse.

Darmstadt.   Hauptbahnhof.   Speisesaal im Wartesaal I. u. II. Klasse.

Darmstadt.   Hauptbahnhof.   Brunnen im Wartesaal III. u. IV. Klasse.

Postkarten des Hauptbahnhofs
Darmstadt, o.D. nach 1912

[1] Hanns Adrian: *Beitrag der Chronik zur Technischen Abteilung, Merck,* Band 2. Darmstadt o.J., S. 41.

Nikolaus Heiss

Bauten für die Firma Merck: Industriearchitektur und das erste »Hochhaus« Darmstadts

Hervorgegangen aus der 1668 von Friedrich Jacob Merck erworbenen Engel-Apotheke, ist die Firma Merck das wohl älteste pharmazeutisch-chemische Unternehmen der Welt. Seinen ersten Industriestandort hatte es ab 1848 in der östlichen Innenstadt, der aber wegen der Expansion des Betriebs bald zu klein wurde. Die Verlegung an den heutigen Standort war 1904 in einer ersten Ausbaustufe abgeschlossen. Neben den vielen Produktionsstätten und Gebäuden, entworfen vom Mannheimer Planungsbüro Jelmoli & Blatt, entstanden nach Plänen von Friedrich Pützer die repräsentativen Bauten an der Frankfurter Straße. „Die Mannheimer Architekten sollten zunächst wohl auch die Repräsentativ-Gebäude um das Haupttor und an der Frankfurter Straße gestalten und hatten dafür bereits Entwürfe vorgelegt. Sie sind erfreulicherweise noch erhalten und erfreulicherweise nicht ausgeführt worden. Es zeugt von dem sicheren Geschmack der leitenden Stellen des Hauses und einem aufgeschlossenen Verantwortungsbewußtsein auch für die gute architektonische Gestaltung, daß später etwa – 1902 – Prof. Pützer von der Technischen Hochschule Darmstadt für diese subtileren Arbeiten herangezogen wurde."[1]

Pützer plante die Straßenfassade der Laboratorien, die Verwaltungsgebäude, das Kasino, die Forschungsgebäude, das Fuhrwerks- und Stallgebäude sowie den einzig heute noch erhaltenen Bau: das sechsgeschossige sogenannte Beamtenwohngebäude. Dieses Verwaltungsgebäude, der „Pützerturm", ist das bauliche Symbol des Pharmaunternehmens. Es bildet zusammen mit dem südlich gelegenen Verwaltungsbau von 1920 (Architekt: Heinrich Walbe), den verbindenden Einfriedigungen und dem nordwestlich gelegenen Hauptlaboratorium von 1928 (Architekt: Eugen Seibert) ein denkmalgeschütztes Ensemble, an dessen Erhaltung aus künstlerischen und städtebaulichen Gründen ein öffentliches Interesse besteht.[2]

[2] Vgl. Günter Fries et al.: *Kulturdenkmäler in Hessen Stadt Darmstadt, Denkmaltopographie Bundesrepublik Deutschland. Kulturdenkmäler in Hessen.* Darmstadt 1994, S. 155, 159.

Friedrich Pützer, Perspektive des sogenannten Beamten-Wohngebäudes und des Verwaltungsgebäudes der Firma Merck, datiert 29.8. o. J.

Die nach Pützer'schen Plänen von 1903 bis 1905 errichteten Gebäude sind in ihrer architektonischen Grundhaltung der Tradition verpflichtet. Die Konstruktion besteht aus verputztem Ziegelmauerwerk, Holzbalkendecken und Holzdachstühlen. Preußische Kappendecken kamen über dem Keller, dem Erdgeschoss und dem sechsten Obergeschoss zum Einsatz. Bautypologisch sind die Bauwerke durch Dachformen wie Walm-, Mansard- und Satteldach verwandt mit den Villentypen der heimatlichen Bauweise. Die Verwendung von kleinen Dachgauben, Tonbiberschwanzziegeln und grob behauenem Naturstein im Sockelbereich unterstreichen diesen Bezug. Elemente wie ein Belvedere auf dem Verwaltungsbau oder das Uhrentürmchen auf dem Beamtenhaus verweisen auf die hervorgehobene Bedeutung der Gebäude. Als Bauschmuck verwendete Pützer barockisierende Elemente als Rahmung der ochsenaugenförmigen Fenster im sechsten Obergeschoss und umlaufende Balustraden über dem Erdgeschoss. Auch der gestaffelte Turmhelm mit kleinen Welschen Hauben, einem konischen Zwischenteil und gebauchtem Unterteil erinnert an barocke Kirchturmspitzen. Anklänge an den Jugendstil lassen sich in den geschwungenen Sprossen der Ochsenaugen finden, genauso wie im Design der Gitterwerke am Turm und an der Einfriedigung sowie in den Ziffern und Zeigern der Turmuhr. So erzeugen die Gebäude insgesamt einen eklektizistischen Eindruck, gepaart mit zaghafter Modernität.

³ Annette Wannemacher-Saal: „Der Turm bleibt, wo er ist", in: *Darmstädter Echo*, 11.02.2014, S. 15.

Das 40 Meter hohe Beamtenwohngebäude ist eigenwillig in seiner Formensprache: Der Turmteil auf seinem sehr breiten zweigeschossigen Sockel wirkt wie ein zu lang gezogener Risalit, der dann ganz traditionell mit dem Dach eines eigentlich niedrigeren Gebäudes abgeschlossen wird. „Das Baurecht zu Beginn des 20. Jahrhunderts erlaubte [...] lediglich Bauten bis 22 Meter, so dass man dem Gebäude noch ein Walmdach plus ein Turmhäubchen aufsetzte."[3] Hier war Pützer 1903 am Beginn seiner architektonischen Schaffenszeit noch nicht so weit, dass er konsequent eine Industriehochhausarchitektur mit einer eigenen Formensprache entwickeln konnte, wie es ihm 1915 mit dem Fabrikhochhaus der Carl-Zeiss AG in Jena gelingen sollte.

Restaurationssaal der Firma Merck, o.D. nach 1905

¹ Vgl. Christine Rumpf: „Hochschulbauten in Darmstadt, 1901–1904", in: Regina Stephan (Hg.): „in die Umgebung hineingedichtet". Bauten und Projekte des Architekten, Städtebauers und Hochschullehrers Friedrich Pützer (1871–1922). Baunach 2015, S. 96–101, hier: S. 97.

Die Hochschulbauten von Marx und Pützer gesehen vom Herrengarten, o.D, nach 1904

Friedrich Pützer, Eingang ins Uhrturmgebäude, o.D. um 1904 (rechte Seite)

Friedrich Pützer, Der Hörsaal des elektrotechnischen Instituts, o.D. um 1904 (rechte Seite)

Nikolaus Heiss

Das Uhrturmgebäude der Technischen Hochschule Darmstadt

Auf dem Gelände der ehemaligen Meierei, östlich des heutigen Kantplatzes, an der Nahtstelle zwischen Martinsviertel und Herrngarten, entstanden 1895 die ersten Neubauten der Technischen Hochschule (seit 1997 Universität) in Darmstadt. Heinrich Wagner (1834–1897) war der Architekt des Hauptgebäudes, Erwin Marx (1849–1901) plante die beiden auf der gegenüberliegenden Straßenseite stehenden Institutsbauten für Physik/Elektrotechnik und Chemie. Wegen des stark wachsenden Interesses an diesen Studiengängen musste bald neuer Raum geschaffen werden. So wurde in der Lücke zwischen den beiden Institutsbauten 1904 ein Hörsaaltrakt für Elektrotechnik errichtet, geplant von Friedrich Pützer. Pützer kam als Assistent von Marx und Georg Wickop (1861–1914) an die Hochschule[1] und übernahm, als Marx schwer erkrankte, diese architektonisch diffizile Aufgabe. Die Schwierigkeit bestand darin, zwei zwar ähnliche, aber im Detail doch unterschiedliche Bauwerke miteinander zu verbinden.

Pützer gelang eine harmonische Verknüpfung der beiden Bauten vor allem durch die Verwendung der gleichen Materialien: rote Ziegel für die Wände, gelber Sandstein für Rahmungen, Gurte und Zierelemente sowie roter Sandstein im rustizierten Sockelgeschoss. Pützer schreibt selbst, dass er „versuchte, die beiden verschiedenartigen Baukörper durch einen hochragenden Turm zusammenzuschließen."[2] Durch den weit vor die Fassaden gezogenen Mittelturm mit breiter Freitreppe in der Achse des Hauptgebäudes schuf Pützer eine architektonische Dominante und durch die Höhe ein Gegengewicht als Antwort auf den mächtigen Wagner'schen Baukörper mit seinem beherrschenden Mittelrisalit gegenüber. Indem er den beiden Institutsbauten eine neue, alles überragende Mitte gab, überspielte er außerdem deren architektonische Asymmetrien. Die Turmarchitektur unterscheidet sich bei näherer Betrachtung in vielen Details von der Marx'schen Gestaltung. Nach neun Jahren war ein Stilwandel eingetreten, der sich in einigen teils vom Historismus, teils vom Jugendstil beeinflussten Formelementen zeigt. Dies gilt vor allem für den Turmaufsatz, der sich mit seiner üppigen Steinmetzarbeit an historischen Stilen orientiert, sie dabei aber neu interpretiert. Jugendstilornamentik verwandte Pützer hauptsächlich bei den schmiedeeisernen Balkongittern und Toren im Außenbereich sowie bei den Treppengeländern, Wandlampen und dem Terrazzo-/Mosaikfußboden im Eingangsbereich.

Der 33 Meter hohe Turm barg als technisches Merkmal im kupfernen Turmhelm einen starken Scheinwerfer und diente als Signalstation für drahtlose Telegrafie. Mit vergoldeten Zahlen und Zeigern gestalterisch besonders aufwendig waren die drei elektrisch betriebenen und geregelten Uhren.[3]

In der Brandnacht vom 11. auf den 12. September 1944 wurden der Turm und die Institutsbauten schwer beschädigt. Die Gebäude brannten aus, standen aber noch. Der Turm blieb ebenfalls in seiner Hauptsubstanz erhalten, sogar der steinerne Aufsatz mit den drei Uhren wurde nur leicht beschädigt. Lediglich die Blecheindeckung der darüber befindlichen Turmhaube wurde zerstört, die Stahlunterkonstruktion dagegen blieb erhalten. Ab 1952 wurde jedoch bis auf den Turmstumpf alles abgetragen. Die Institutsbauten erhielten als Aufstockung ein einfaches Mezzaningeschoss. Rekonstruktionsüberlegungen für den Turm in den 1980er-Jahren wurden seitens der Landesdenkmalpflege mangels genauer Pläne für nicht realisierbar erachtet.

Einen neuen Turmaufsatz erhielt der Turm im Jahre 2019. Eine originalgetreue Rekonstruktion wurde davor wiederum erörtert, aber in Anbetracht der durch den Wiederaufbau der 1950er-Jahre stark veränderten Situation nicht mehr für angebracht erachtet.[4] Die TU Darmstadt entschied sich für den Entwurf des Architekturbüros Sicha & Walter aus Fulda, der einen 2,80 Meter hohen, nachts beleuchteten, oben offenen Aufsatz aus Stahl und Glas vorsah. Wie 1904 wurde auch jetzt wieder eine technische Besonderheit eingeplant, nämlich ein fernsteuerbares Observatorium mit vier Teleskopen, deren Bilder direkt in den darunter befindlichen Erasmus-Kittler-Hörsaal übertragen werden können. Mit dem Observatorium wird ein Element des im Zweiten Weltkrieg zerstörten nordwestlich gelegenen, ebenfalls kurz nach 1900 nach Plänen von Pützer errichteten physikalischen Hörsaalbaus wieder aufgegriffen.

[2] Zitiert nach Max Guther: Friedrich Pützer: Architekt – Städtebauer – Hochschullehrer, in: Technische Hochschule Darmstadt (Hg.): *Jahrbuch 1978/79.* Darmstadt 1980, S. 7–28, hier: S. 24.

[3] Vgl. Beilage zum *Darmstädter Tagblatt,* 06.09.1904, S. 11.

[4] Vgl. Karin Walz: „Pützerturm bekommt Haube aus Glas und Stahl", unter: https://www.echo-online.de/lokales/darmstadt/darmstadt-putzerturm-bekommt-haube-aus-glas-und-stahl_20054646 (abgerufen: 02.04.2019)

Hörsaal ↗

Wolfgang Lück

Kirchenbau um 1900

Friedrich Pützers Professur an der Technischen Hochschule (TH) in Darmstadt war unter anderem eine Professur für Kirchenbau. In Darmstadt selbst errichtete er die Pauluskirche und baute die Kirchen in Bessungen und Eberstadt um. Welchen Idealen oder Vorgaben in Theorie und Praxis des Kirchenbaus folgte er in den Jahren vor dem Ersten Weltkrieg, als seine Bauten entstanden? Pützer war Katholik, aber fast alle Kirchen, die er plante, baute oder umbaute, waren evangelische Kirchen. Welche Vorstellungen verband man und verband er mit einer evangelischen Kirche? Was galt als spezifisch evangelisch? Viele sahen ihre Zeit als eine Zeit des Aufbruchs, der Reform und der Erneuerung. Man wollte modern sein, neuzeitlich und zukunftsorientiert. Was stellte man sich unter einer modernen Kirche vor?

[1] Vgl. Gerhard Langmaack: *Evangelischer Kirchenbau im 19. und 20. Jahrhundert.* Kassel 1971, S. 194f.

[2] Vgl. Hanns Christof Brennecke: „Protestantischer Kirchenbau an der Wende zum 20. Jahrhundert", in: Klaus Raschzok/Reiner Sörries (Hg.): *Geschichte des protestantischen Kirchenbaus.* Erlangen 1994, S. 118–128, hier: S. 122.

[3] Werner Franzen: *Gottesdienststätten im Wandel. Evangelischer Kirchenbau im Rheinland 1860–1914.* Düsseldorf 2004, S. 91.

Wonach richtete sich der evangelische Kirchenbau?

Nach den Zerstörungen des Dreißigjährigen Kriegs stellte sich den evangelischen Gemeinden erstmals die Frage nach einem spezifisch evangelischen Kirchenbau. Bis dahin hatte man die bestehenden Kirchengebäude aus der Zeit vor der Reformation einfach weitergenutzt. Man hatte Emporen eingebaut, wenn der Platz nicht für die ganze Gemeinde reichte. Heiligenbilder waren entfernt worden. Neubauten gab es außer bei der einen oder anderen Schlosskapelle nicht.

In den später einsetzenden Überlegungen zu einem evangelischen Kirchenbau wurde dann die Predigt und damit die Kanzel in den Mittelpunkt gerückt. Man dachte praktisch. Der Architekt Joseph Furttenbach der Jüngere (1632–1655), Sohn des Architekten Joseph Furttenbach der Ältere (1591–1667), baute in seinem Buch *Kirchengebäw* (Augsburg 1649) auf die Erkenntnisse seines Vaters auf und betonte, dass der Gottesdienstraum für Prediger und Hörer möglichst bequem und zweckmäßig eingerichtet sein solle. Aus akustischen und optischen Gründen riet er von hohen Gewölben und Säulen ab. Holzverkleidung fördere die Gesundheit, weil sie im Winter die Kälte und im Sommer die feuchten Ausdünstungen der Mauern erträglicher mache und sich zudem positiv auf die Akustik auswirke. Taufstein, Altar, Kanzel und Orgel sollten hinter- beziehungsweise übereinander angeordnet werden.[1]

Ein anderer Baumeister, Leonhard Christoph Sturm (1669–1719), dachte an eine mögliche Kombination von Gottesdienstraum und Pfarrhaus.[2] Er argumentierte im Sinne der Aufklärung und des „gesunden Menschenverstandes"[3]. Er forderte unter anderem helle Fenster, die genügend Licht einlassen, damit man im Gesangbuch lesen könne. Im Barock entstand dann die weit verbreitete Kombination von Kanzel und Altar, der „Kanzelaltar".

Im Bereich des Großherzogtums Hessen-Darmstadt findet man diese altprotestantische Anordnung von Altar, Kanzel und Orgel in einer Achse bis in die Mitte des 19. Jahrhunderts bei den Dorfkirchen Georg Mollers (1784–1852) und seiner Schüler. Moller vertrat einen gegenüber dem Barock modernen klassizistischen Baustil, der ebenso der Aufklärung verpflichtet war wie der vorangehende barocke Stil. Moller sah hinter dem Altar und unter der Orgel Wirtschaftsräume für den Küster vor sowie die Sakristei, von der aus der Prediger die Kanzel besteigen konnte. Die Dekore an Orgel und Kanzel wirken zuweilen gotisch, wie bei der Roßdorfer Kirche des Moller-Mitarbeiters Georg Lerch (1792–1857). Diese vergleichsweise nüchterne und wenig religiös anmutende Art, Kirchen zu bauen, wurde zu Beginn des 19. Jahrhunderts teils heftig kritisiert. Nach 1800 kam es zu einem antiaufklärerischen Umbruch in Teilen der evangelischen Theologie, den Erweckungsbewegungen und Neuluthertum herbeiführten. Ab 1815 wurde in diesen theologischen Strömungen der protestantische Kirchenbau des 17. und 18. Jahrhunderts abgelehnt und des Rationalismus beschuldigt. Gefordert wurden jetzt für den Protestantismus sakral wirkende Räume, nachdem die Bauten des 17. und 18. Jahrhunderts profane Hörsäle gewesen waren. Als sakral galt die Trennung von Altar- und Gemeinderaum in Chor und Kirchenschiff. Das Abendmahl wurde höher als die Predigt bewertet, deshalb brauchte der Altar einen eigenen, herausgehobenen Chorraum.

Hinzu kam noch etwas anderes: Die Romantik hatte das Mittelalter und mit ihm die Gotik neu entdeckt. Man feierte die Gotik als *den* nationalen Stil. Symbolträchtig war der Weiterbau des im Mittelalter unvollendet gebliebenen Kölner Doms (1842–1880). Man sah darin eine nationale Aufgabe, der sich besonders das protestantische Preußen widmete. Hans Christof Brennecke schreibt: „Ein wichtiges Argument für die Gotik als dem wahren christlichen Kirchenbaustil war, daß protestantischer Kirchenbau an sich unmöglich sei, da Luther keine neue Kirche, sondern nur die Reinigung der alten gewollt habe. Gotik sei der wahre Ausdruck von wahrer Frömmigkeit und Kirchlichkeit überhaupt, der sich vor allem in der strikten Trennung von Chor/Altarraum vom Gemeinderaum zeige."[4] Die Gotik wurde zum eigentlichen Kirchenbaustil erklärt. Bis dahin hatte es die Frage nach dem Stil, in dem gebaut werden sollte, nicht in der Weise gegeben, dass man einen besonders religiösen Stil angemahnt hätte. Man hatte so gebaut, wie es zu der jeweiligen Zeit auch außerhalb der Kirche üblich gewesen war.

Die Eisenacher Kirchenkonferenz, Anfang des 19. Jahrhunderts gegründet, um ein Mindestmaß an Einheitlichkeit im deutschen Protestantismus zu schaffen, schrieb zum ersten Mal kirchenamtlich Positionen in ihrem „Regulativ für den evangelischen Kirchenbau" von 1861 fest. Man forderte, dass Kirchen immer geostet sein sollten. Neben dem altchristlichen und dem romanischen Stil sollte vorzugsweise der „sogenannte germanische (gothische) Styl" zur Anwendung kommen. Der Haupteingang der Kirche sollte im Westen liegen. Der Altarraum war um mehrere Stufen gegenüber dem Schiff zu erhöhen. Im Chorraum sollte allenfalls das Gestühl für die Geistlichkeit seinen Platz haben. Die Kanzel sollte nicht im Chor, sondern vor dem Chor seitlich an einem Pfeiler angebracht sein. Die Orgel mit der Sängerbühne gehöre auf die Westseite usw.[5] Kirchen sollten für sich allein stehen und von allen Seiten zugänglich sein. Mit den Vorgaben des „Eisenacher Regulativs" trat im protestantischen Kirchenbau die Neogotik einen Siegeszug an, der bis zum Ende des 19. Jahrhunderts anhielt. Ein frühes Beispiel ist die Wiesbadener Marktkirche. Sie war gerade im Bau, als das „Eisenacher Regulativ" formuliert wurde.

Doch schon gegen Ende des Jahrhunderts regte sich Widerspruch. Die Kirchenbaudebatte seit den 1880er-Jahren erinnerte wieder an den altprotestantischen Kirchenbau. Die Sakralität der Neogotik mit ihrer Trennung von Altar- und Gemeinderaum wurde als katholisch abgelehnt. Der einflussreiche Dresdner Pfarrer und Kirchenreformer Emil Sulze (1832–1914) kritisierte, von der Frömmigkeit der Herrnhuther Brüdergemeine geprägt, den neogotischen Stil als romantisch und „also doch im Grunde katholisches Kirchenbauideal". Die Romantik sei ein gefährliches Gift. Im Protestantismus sei der Priester entbehrlich. An seine Stelle sei der barmherzige Samariter getreten. Einen reinen Sakralbau, wie er von der Gotik vorgesehen sei, dürfe es deshalb nicht mehr geben.[6]

Das vom Wiesbadener Pfarrer Emil Veesemeyer (1857–1944) und dem Berliner Architekten Johannes Otzen (1839–1911) 1891 im Blick auf den Bau der Wiesbadener Ringkirche (1892–1894) formulierte, sich schnell verbreitende „Wiesbadener Programm"[7] spricht vier Forderungen aus: „1. Die Kirche soll im allgemeinen das Gepräge eines Versammlungshauses der feiernden Gemeinde, nicht aber dasjenige eines Gotteshauses im katholischen Sinne an sich tragen." Der Raum der Kirche dürfe nicht geteilt werden zwischen Chor und Schiff. Der Platz der Kanzel solle dem des Altars mindestens gleichwertig sein. Die Kanzel „soll ihre Stelle hinter dem letzteren erhalten und mit der im Angesicht der Gemeinde anzuordnenden Orgel- und Sängerbühne organisch verbunden werden."[8]

[4] Brennecke 1994, S. 126.

[5] Vgl. „Eisenacher Regulativ", abgedruckt in Gerhard Langmaack: *Evangelischer Kirchenbau im 19. und 20. Jahrhundert.* Kassel 1971, S. 272–294.

[6] Vgl. Emil Sulze: *Die evangelische Gemeinde.* Gotha 1891, S. 210.

[7] Vgl. Franzen 2004, S. 81.

[8] Zitiert nach Langmaack 1971, S. 276.

[9] Zitiert nach Sigrid Hofer: „Theodor Fischer: Die Garnisonkirche in Ulm und ihr ikonographisches Programm", in: *Das Münster*, Nr. 3, 2000, S. 224–239, hier: S. 232.

[10] Alfred Wanckel: *Der deutsche evangelische Kirchenbau zu Beginn des zwanzigsten Jahrhunderts. Ein Handbuch für Geistliche, Kirchenvorstände und Architekten.* Wittenberg 1914, S. 154.

Pützer baute nicht mehr im gotischen Stil. Allenfalls ein paar gotische Zitate sind noch zu finden. Seine Kirchen sind auch nicht mehr als reine Sakralbauten von allen Seiten frei stehend konzipiert. Er war vielmehr bemüht, seine Kirchen in das Netz der Straßen und Plätze einzubinden und mit Pfarrhaus, Gemeindehaus usw. baulich zu vereinen. In Darmstadt sind die unterschiedlichen Ansätze beim Vergleich der neogotischen Johanneskirche (1894) mit der von Pützer gebauten Pauluskirche (1907) gut zu erkennen: Die Johanneskirche ist als reiner Sakralbau – ohne bauliche Verbindung zu anderen Gebäuden – rings von Straßen umgeben. Die Pauluskirche ist, an einer Straßenkreuzung gelegen, als Blockrandbebauung mit mehreren Gebäuden konzipiert.

Alle Kirchen, die Pützer gebaut hat, sind gemäß des „Wiesbadener Programms" eingerichtet, das heißt, Altar, Kanzel und Orgel mit Sängerbühne sind in einer Achse hintereinander angeordnet. Und es gibt keinen Chorraum, in dem der Altar getrennt vom Versammlungsraum der Gemeinde steht. Pützer rückte vielmehr den Altar in die Mitte der Gemeinde und ließ ihn auch nur eine Stufe gegenüber dem Niveau der Gemeinde erhöhen.

„Eisenacher Regulativ" und „Wiesbadener Programm" repräsentieren zwei grundsätzlich unterschiedliche Verständnisse von Gemeinde. In den Bauten des „Eisenacher Regulativs" soll sich die Gemeinde nicht als eine diesseitige Gemeinschaft erfahren. Sie wird durch den hohen Chor und den entrückten Altar vielmehr mit einem Jenseits konfrontiert und als Volk Gottes zur Anbetung gerufen. Alle blicken in dieselbe Richtung. Wenn dagegen das „Wiesbadener Programm" von der Kirche als einem Versammlungshaus der feiernden Gemeinde spricht, ist gemeint: Die Gemeinde erfährt sich selbst, stellt sich selbst dar und ist nicht nur Konsumentin der Predigt und der Sakramente. Man sitzt sich zum Teil auch gegenüber. Zumindest die Sänger schauen der Gemeinde direkt ins Gesicht.

Woran erkennt man eine evangelische Kirche?

Laienhaft wird gern gesagt, dass evangelische Kirchen schlicht sind. Um 1900 bewegte die Frage, woran man eine evangelische Kirche erkenne, auch Fachleute. Der Herausgeber des *Christlichen Kunstblatts für Kirche, Schule und Haus,* David Koch, schrieb 1905: „Eine evangelische Kirche sollte man schon an der monumentalen Wucht ihres Turmes kennen. Diese Wucht aber sollte nicht Ausdruck des ‚Protests' sein, sondern der Schwerkraft des Evangeliums und der deutsch-vertieften Erfassung der Religion."[9] Ob wuchtige Türme ein besonders protestantisches Merkmal in der Zeit waren, lässt sich nicht mit Bestimmtheit behaupten. Türme gehörten zu allen repräsentativen Gebäuden, zu Rathäusern, Bahnhöfen, Museen. Bismarck-Türme waren in Mode. Wenn Kirchtürme zum protestantischen Kirchbauprogramm gehörten, ist das aber doch ein Zeichen dafür, dass man in derselben Liga wie die öffentlichen Gebäude spielen wollte. Entsprechendes mag vielleicht auch für anderes als Spezifikum Genanntes gelten. Der Architekt Alfred Wanckel (1855–1925) forderte in einem *Handbuch für Geistliche, Kirchenvorstände und Architekten* 1914: „Ehrliche Zweckmäßigkeit, schlichte Wahrhaftigkeit in Anpassung der Form an die Eigenschaften der Baustoffe, Heimatbodenständigkeit, handwerksmäßige Gestaltung der Einzelformen unter Vermeidung alles Schablonenhaften und Fabrikmäßigen."[10]

Der Kirchenreformer Emil Sulze (1832–1914) forderte, dass aus Kirchengemeinden Vereine werden sollten. Dafür aber waren andere Räumlichkeiten notwendig als der traditionelle

Gottesdienstraum allein. Sulze forderte den Gruppenbau. Es sollten die verschiedenen Funktionen nicht unbedingt unter einem Dach vereint sein, aber doch baulich miteinander verbunden.[11] Der Architekt Otto March (1845–1913) formulierte 1904: „Ganz neue bauliche Aufgaben stellt die junge Triebkraft, die sich in der evangelischen Kirche geltend macht und sie drängt zu der schwebenden schweren sittlichen und sozialen Frage beizutragen. Die erweiterte Organisation gegenseitiger Hilfsbereitschaft, die sich aus dem Zusammenlaufen der religiösen und sozialen Fragen ergeben, fordern ihre bauliche Verkörperung."[12] Es ging um Versammlungsräume, Schwesternstationen und Kindergärten. Man setzte auf den Gruppenbau, bei dem auch Pfarr- und Küsterwohnungen baulich mit der Kirche verbunden wurden.

Die evangelische Kirche in Bechtheim ist ein Beispiel für die Turmfrage. Man könnte die Kirche für eine katholische Barockkirche halten. Sie wurde 1910 eingeweiht und war nach Plänen von Kreisbauinspektor Ludwig Pietz errichtet worden. Die Frontansicht des Kirchenschiffs wirkt barock. Der seitlich angesetzte wuchtige Turm jedoch gehört in das evangelische Repertoire für eine Kirche um 1900.

Was verstand man unter einer modernen Kirche?

Der Pfarrer der Pauluskirche in Darmstadt, Hermann Rückert, beschreibt in der Festschrift zur Einweihung seiner Kirche 1907 das Neue, das er mit seiner Kirche erfahre – nämlich, dass man in der Gegenwart nicht mehr mit architektonischen Mitteln des Mittelalters bauen könne. „Allmählich hat man sich aber wohl daran gewöhnt, dass unsere Pauluskirche eine ‚moderne' Kirche geworden ist."[13] Aus dem Zusammenhang wird klar, dass mit modern zeitgenössisch gemeint ist. Man habe keinem Stilideal der Vergangenheit folgen wollen. Man sei sich einig gewesen, „dass eine Kirche, die doch noch mehr wie andere Gebäude für spätere Zeiten ein Zeugnis der künstlerischen Kultur ihrer Entstehungszeit sein wird und sein soll, auch in der Formensprache dieser Zeit reden soll."[14] Vergleichbar formulierte Otto Schönhagen (1885–1954): „Der neuzeitlich protestantische Kirchenbau ringt danach, den Kirchenräumen in Form und Technik unserer Zeit Helle, Weite und Wucht zu geben."[15] Zum Protestantismus gehörte bewusste Zeitgenossenschaft. Die fand man für die Architektur und Kunst in Jugendstil, Heimatstil oder Reformarchitektur. Ornamentales in den Innenräumen ist geprägt vom Jugendstil.

Von außen betrachtet, kommt man nicht so schnell auf die Zuordnung zum Jugendstil. Da gibt es ein breites Spektrum an Formen und Stilelementen. Die Architekten entwickelten je eigene Ausdrucksmöglichkeiten. Hohe Walmdächer und gewaltige Türme zählen meist dazu, aber auch Elemente des Denkmal- und Heimatschutzgedankens. Man bezog sich auf regionale Bautraditionen. Insgesamt orientierte man sich nicht an einem Stil, sondern an der zeitgenössischen Architektur und Kunst. Man wollte das Alte überwinden.

Wie gebaut wurde, wenn man nicht mehr neogotisch oder neoromanisch baute, veranschaulicht Otto Schönhagens Fotosammlung von Kirchen, die zwischen 1900 und dem Ersten Weltkrieg vor allem in Deutschland errichtet worden sind, mit dem Titel *Stätten der Weihe. Neuzeitliche protestantische Kirchen* von 1919. Betrachtet man die Abbildungen, so wird klar, dass die als „neuzeitlich" apostrophierten Kirchen aus heutiger Sicht dem Jugendstil und verwandten Richtungen zuzuordnen wären.

[11] Vgl. Franzen 2004, S. 90.

[12] Zitiert nach ebd., S. 87.

[13] Hermann Rückert: *Die Pauluskirche. Eine Festschrift zu ihrer Einweihung am 29. September 1907*. Nachdruck: Darmstadt 2004, S. 2.

[14] Ebd., S. 10.

[15] Otto Schönhagen: *Stätten der Weihe. Neuzeitliche protestantische Kirchen*. Berlin 1919, S. 6.

[16] *Amtsblatt der Evangelischen Kirche in Hessen und Nassau,* Nr. 7, 1991, S. 117.

Von Pützer gibt es keine programmatischen Texte zum Kirchenbau. Seine 20 gebauten Kirchen folgen aber Programmen wie dem Gruppenbau und dem „Wiesbadener Programm". Es ist anzunehmen, dass der Pfarrer der Pauluskirche in Darmstadt die Inhalte seiner Festschrift Pützer kommuniziert hatte und dieser sich darin wiedergefunden haben dürfte. Otto Schönhagen war Assistent bei Pützer. Er wird die Bilddokumentation samt der Einführung mit seinem Professor diskutiert haben. Fast alle Kirchen Pützers sind abgebildet.

Wie es nach Pützer weiterging

Der Erste Weltkrieg bildet auch hinsichtlich des Kirchenbaus eine Zäsur. Die Zeit monumentaler Neubauten im Bereich Stadtkirchen war vorbei. Der Jugendstil wurde überholt, vom Expressionismus und vom Neuen Bauen. Erinnert sei in diesem Zusammenhang an Otto Bartnings Entwurf und Modell einer Sternkirche von 1922.

Das „Wiesbadener Programm" verlor seine Allgemeingültigkeit. Mit der dialektischen Theologie setzte sich eine neue Entwicklung durch, welche die Transzendenz, das *extra nos,* neu für sich entdeckte. In die Kritik geriet die Gemeinde, die sich selbst feiert. Das führte tendenziell zu einer Betonung des Altarraums als Chor – als zum Jenseits hin orientierte Dimension.

Diese Tendenz erlebte nach dem Zweiten Weltkrieg vollends ihren Durchbruch. Kirchen sollten wieder eine Ahnung von der transzendenten Wirklichkeit Gottes vermitteln, wie es den gotischen Domen eigen war. Nach dem Zweiten Weltkrieg baute man zwar keine tiefen Chorräume mehr, vor der Gemeinde ragen aber hinter dem Altar riesige fensterlose Wände aus Sichtbeton oder Klinker auf, die an das Jenseits gemahnen. Altar, Kanzel und Orgel wurden nach dem „Eisenacher Regulativ" geordnet und damit voneinander getrennt. Strenge und Kahlheit bestimmten das Bild. Die „Wolfenbütteler Empfehlungen" für den Kirchenbau forderten 1991 einen Kirchenraum, in dem „die Begegnung der Gemeinde mit dem lebendigen Gott zum Ausdruck" kommt.[16] Doch bald darauf war wieder Wärme und Geborgenheit im Kirchenraum angesagt. Pützers Kirchen, die man in den 1960er-Jahren weiß getüncht hatte, bekamen ihre Farbe zurück. Farbige Wandteppiche wurden für kahle Betonwände gestiftet usw.

Aus der Zeit vor dem Ersten Weltkrieg blieb die selbstverständliche Errichtung eines ganzen Gemeindezentrums mit Gemeinderäumen, Kindertagesstätte und oft auch Schwesternstation. Teilweise setzte man den Gedanken des Gruppenbaus fort. Dass man Gemeinderäume und Gottesdienstraum übereinander anordnete, war wie in der Heilig-Geist-Kirche in Wiesbaden durchaus üblich. Reine Gottesdiensträume wurden mit abnehmenden Finanzmitteln beziehungsweise dem Wahrnehmen neuer Aufgaben immer seltener. Mehrzweckräume waren angesagt, denen man durch künstlerische Ausgestaltung für gottesdienstliche Zwecke einen sakralen Charakter zu verleihen versuchte.

Pauluskirche, Eingang mit Relief von Robert
Cauer, o.D. ca. 1907

Wolfgang Lück

»Willkommen« bei Friedrich Pützer

Wenn ich meinen Computer angeschaltet und das Passwort eingegeben habe, erscheint
auf dem Display ein „Willkommen". Vergleichbares begrüßt uns in Bild und Schrift, wenn
wir auf Kirchen zugehen, die Friedrich Pützer in Darmstadt gestaltet hat, also auf den Neubau der Pauluskirche und die umgebauten Kirchen in Bessungen und Eberstadt. Was hat
das zu bedeuten?

Wenn wir uns von Westen her der Pauluskirche nähern, fällt der Blick auf das Relief einer Kreuzigungsgruppe im Giebel über der Eingangstreppe. Das vollplastische Relief von Robert Cauer (1863–1947) zeigt nicht den Vorgang der Kreuzigung. Die Hände und Füße des Gekreuzigten sind ohne Nägelmale. Die um das Kreuz Versammelten sind keine römischen Kriegsknechte oder trauernden Frauen und Jünger, sondern wir haben es hier mit einer Gruppe unterschiedlicher Personen zu tun. Auch Kinder sind dabei. Einige scheinen um Hilfe zu bitten. Andere knien in sich versunken. In der Festschrift zur Einweihung der Kirche 1907 schreibt der Gemeindepfarrer Hermann Rückert: „Hätten wir eine Inschrift unter das Bildwerk gesetzt, so hätte es nur die sein können: ‚Kommet her zu mir alle, die ihr mühselig und beladen seid, ich will euch erquicken.'"[1] Der Vers aus dem Matthäusevangelium (11,28), den Pfarrer Rückert hier zitiert, wird auch als der „Heilandsruf" bezeichnet. Vers und Bildmotiv erfreuten sich ab dem Ende des 18. Jahrhunderts bis ins 20. Jahrhundert bei Protestanten großer Beliebtheit. Sie drückten protestantisches Selbstverständnis aus. Immer wieder begegnet man diesem „Heilandsruf".

Vers und Bild empfangen so auch die Besucher eines ehemals zentralen protestantischen Bauwerks. Sie sind vom Lustgarten her gesehen im Tympanon über dem Haupteingang des Berliner Doms zu sehen. Die Darstellung wurde erst 1915 fertig, spiegelt also auch Erfahrungen aus dem Ersten Weltkrieg wider. Die Menschen wirken deutlich mühselig und beladen, anders als die in der Darstellung Cauers in Darmstadt. Sogar ein Soldat mit Stahlhelm ist zu sehen. Woher kommt das Motiv? Es dürfte seinen Ursprung in Rembrandts *Hundertguldenblatt* haben.[2] Auf dem um 1650 entstandenen Blatt ist Christus in der Mitte stehend dargestellt. Seine Arme sind segnend und einladend ausgebreitet. Zu ihm drängen sich Menschen, vielleicht Hilfe, vielleicht Rat oder Diskussion, vielleicht auch Segen erwartend. „Krankenheilung, Segnen der Kinder und Auseinandersetzung mit den Schriftgelehrten sind zu einer eindrucksvollen Szene zusammengefasst"[3], schreibt der Kunsthistoriker Thomas W. Gaethgens. Die entsprechenden Szenen finden sich im 19. Kapitel des Matthäusevangeliums.

Der segnende oder einladende, inmitten einer Gruppe von Menschen stehende Christus, der seinen Ruf „Kommet zu mir" an die um ihn Versammelten richtet, kehrt in vielerlei Gestalt immer wieder. Der Christus, der vom Kreuz her Segen spendet, könnte hingegen eine Besonderheit Cauers sein.

Bertel Thorvaldsens (1770–1844) Skulptur in der Kopenhagener Frauenkirche ist vielleicht die verbreitetste Variante des segnenden Christus.

Auf dem Sockel des Bildwerks steht der Schriftzug: „Kommet til mig" (Kommt zu mir). Die Angeredeten sind hier nicht mit abgebildet. Es sind die im Kirchenraum Versammelten, es ist die Gemeinde, die das Bild vervollständigt. Von Thorvaldsens Christus gibt es weltweit zahllose Repliken. In Kirchen gab es sie als Monumentalfiguren im Chorraum, etwa in der Marktkirche in Wiesbaden. Manchmal konnten sie das Altarkreuz ersetzen. Auf Grabmälern traten sie an die Stelle der sonst so beliebten Engelsgestalten. Es gab sie aber auch als Kleinformate, gewissermaßen für den „Hausgebrauch". Noch in den 1990er-Jahren stieß ich auf ein etwa 70 Zentimeter großes Exemplar. Die Plastik stand im Flur eines evangelischen Altersheimes. Neben die Figur hatte man eine rote Rose in eine Glasvase gestellt.

[1] Hermann Rückert: *Die Pauluskirche. Eine Festschrift zu ihrer Einweihung am 29. September 1907*. Darmstadt 1992, S.17.
[2] Vgl. www.rijsmuseum.nl (abgerufen: 14.03.2021).
[3] Thomas W. Gaehtgens [und Justus Müller-Hofstede]: „Flämische und holländische Malerei", in: Erich Hubla (Hg.): *Propyläen Kunstgeschichte*, Band „Die Kunst des 17. Jahrhunderts". Berlin o.J., S. 163–195, hier: S. 181.

[4] im Archiv der Paulusgemeinde, Darmstadt.

[5] Wolfgang Lück: *Das Bild in der Kirche des Wortes. Eine Einführung in die Bilderwelt evangelischer Kirchen.* Münster/Hamburg/London 2001, S. 90.

Das Bildmotiv des Segnenden und Einladenden gab es aber auch noch in anders redu-zierter Form: Das charakteristische weiche Gesicht mit Bart und langem Haar erscheint eingerahmt in einem Medaillon. In der ursprünglichen Gestalt der Darmstädter Pauls-kirche ist die Arbeit von Augusto Varnesi (1866–1941) im Scheitel des Chorbogens ein typisches Beispiel dafür. 1957 wurde das Bild allerdings übermalt und entfernt. Eine alte Postkarte[4] lässt die ursprüngliche Gestalt noch erahnen.

Man musste Bild und Vers nicht jeweils vollständig wiedergeben. Schon eine Andeutung reichte, um klar zu machen, was ausgedrückt werden sollte. In der Unterschrift der Kopen-hagener Skulptur wird nicht der ganze Vers aus dem Matthäusevangelium zitiert. Das

Innenraum der Pauluskirche, um 1907

„Kommet zu mir" reicht. Wie man bei den Bildvarianten auf den Text verzichten konnte, kann beim Text auf die Bildteile verzichtet werden. Bei den Kirchen in Bessungen und in Eberstadt wird auch nur die Kurzform des „Heilandsrufs" benutzt: „Kommet her zu mir". In Eberstadt steht in dem von Pützer gestalteten Schmuckfeld über dem Haupteingang „Kommet her zu mir Alle". Der Bessunger Haupteingang ist schlichter gehalten. Dort heißt es noch kürzer: „Kommet her zu mir".

Wenn in Eberstadt das „Alle" betont und durch Großschreibung hervorgehoben wird, hat sich der Sinn von „alle, die ihr mühselig und beladen seid" allerdings verschoben zu „alle solltet ihr hereinkommen" – eine Mahnung zum Gottesdienstbesuch.

Kurz zur theologiegeschichtlichen Einordnung: Erst um die Wende vom 18. zum 19. Jahr-hundert trat das Bildmotiv des segnenden Heilands zusammen mit dem „Heilandsruf" seinen Siegeszug in den evangelischen Kirchen an. Bis dahin war auf Altarbildern eher das Kreuz zu sehen. Man erbaute sich nicht an dem Gefühl, gesegnet zu sein, sondern an dem Wissen um die Sündenvergebung durch den Opfertod Christi am Kreuz. Im Zuge der Aufklärung wandelte sich das Glaubensverständnis. Es ging nicht mehr darum, dog-matischen Aussagen wie der Rechtfertigungslehre zuzustimmen, sondern darum, sich vom Heiland angenommen und gesegnet zu fühlen. Nach den beiden Weltkriegen im 20. Jahrhundert gewann wieder die Kreuzesdarstellung an Gewicht.[5]

[1] Sofern dies nicht gesondert vermerkt wird, stammen alle Angaben aus: Gerlinde Gehrig: *Friedrich Pützer und das Paulusviertel in Darmstadt* (Quellen und Forschungen zur hessischen Geschichte, Band 169). Darmstadt/Marburg 2014; dies.: „Friedrich Pützer und der Reformkirchenbau in Darmstadt", in: *AHG NF*, Nr. 73, 2015, S. 349–380.

[2] Vgl. den Kostenüberschlag zum Neubau einer Pauluskirche nebst Pfarr- und Küsterhaus in Bessungen vom 10. Juni 1904, Archiv der Paulusgemeinde Darmstadt.

Das Ensemble aus Pauluskirche und Pfarrhaus, o.D. nach 1907

Gerlinde Gehrig †

Die Pauluskirche

Die Pauluskirche ist eine evangelische Gemeindekirche, die 1905 bis 1907 zusammen mit Pfarrhaus und Küsterhaus nach Plänen von Friedrich Pützer am Paulusplatz errichtet wurde.[1]

Ende des 19. Jahrhunderts wuchs die Mitgliederzahl der evangelischen Gemeinde Bessungen stark an. Aus diesem Grund beschloss man, eine zweite Pfarrstelle einzurichten und in dem neu entstandenen Villenquartier am Herdweg eine weitere Kirche zu bauen. Die Teilung der Gemeinde erfolgte 1902 und wurde am 21. Oktober 1903 von der Landessynode bestätigt. Die Petrusgemeinde, wie sie nun hieß, verblieb in der Bessunger Kirche, während für die neu gegründete Paulusgemeinde auch ein neues Gebäude entstehen sollte.

Am 29. Juni 1904 schlossen Pützer und die Paulusgemeinde einen Vertrag über den Bau der Kirche. Zuvor hatte der Architekt die Baukosten mit 414.472 Mark veranschlagt, daraus wurden nach Abschluss der Bauarbeiten 622.328 Mark.[2] Am 9. Juli 1905 erfolgte der erste Spatenstich und am 31. Oktober 1905 fand im Beisein weltlicher und geistlicher Würdenträger die Grundsteinlegung statt. Nach einer Bauzeit von gut zwei Jahren beging die Gemeinde schließlich am 29. September 1907 die festliche Einweihung des Gotteshauses.

Paulskirche Darmstadt-Bessungen.
Feier der Grundsteinlegung
am 31. Oktober 1905.

Grundsteinlegung am 31. Mai 1905

Die Pauluskirche stellt mit Pfarrhaus und Küsterhaus ein bauliches Ensemble dar. So hob
der Pfarrer Hermann Rückert 1907 hervor, der „Kenner" müsse die „künstlerisch überaus
starke und malerische Wirkung der ganzen Gebäudegruppe" bewundern.[3] An der Ostseite
des Paulusplatzes steht das Pfarrhaus, welches durch einen Arkadengang mit dem Eingang zum Kirchenschiff verbunden ist. Zwischen den Gebäuden befindet sich ein Hof mit
Brunnen. Über dem Gemeindesaal im Souterrain liegt das Hauptschiff der Kirche mit seinem
hohen Satteldach, an dessen Ostseite ein kurzes Seitenschiff mit zwei Jochen ausgebildet
ist. Chor und Kirchturm platzierte Pützer an der Nordseite des Gebäudes zur Ohlystraße
hin, wo sich auch das Küsterhaus befindet. Auf diese Weise wurden die Ecklage des Grund-
stücks und die Niveauunterschiede des Geländes auf optimale Weise genutzt, um die Kirche
und die zughörigen Bauten wirkungsvoll zu inszenieren.

Für die Bedachung der Kirche wählte der Architekt leuchtend rote Falzziegel, während
die Außenwände einen naturbraunen Rauputz erhielten und der Gebäudesockel sowie
die Einfriedung mit hellgrauem Muschelkalk verkleidet wurden. Durch diese Materialien
in verschiedenen Farben werden die einzelnen Gebäudeteile besonders gut hervorgehoben.
Der wichtigste plastische Schmuck der Fassade ist das Giebelrelief über dem Kirchen-
eingang, welches der Bildhauer Robert Cauer schuf. Es zeigt Christus am Kreuz, zu dessen
Füßen Menschen verschiedenen Alters und Geschlechts Schutz suchen. Der 58 Meter hohe
Turm mit oktogonalem Grundriss befindet sich an der höchsten Stelle des Geländes und
ist weithin sichtbar. Er trug vier Glocken mit einem Gewicht von 178 Zentnern. Es waren
eine Gebetsglocke und drei große Glocken mit den Namen „Paulus", „Luther" und „Land-
graf Philipp", welche 1943 zur Metallgewinnung für Kriegszwecke demontiert und ein-
geschmolzen wurden.

Technisch gesehen war die Pauluskirche ganz auf dem Stand der Zeit, denn sie besaß
elektrisches Licht und eine Niederdruckdampfheizung mit zwei Kesseln, sodass Kirchenraum und Gemeinderäume getrennt beheizt werden konnten. Beim Bau wurden Beton
und Eisenbetonkonstruktionen verwendet, beispielsweise bei den Emporen und dem Triumphbogen. Die eisernen Verstrebungen des Dachstuhls existieren noch heute.

Die Pauluskirche ist ein Gebäude, welches nach den Grundsätzen des „Wiesbadener Programms" entstand. Diese Schrift wurde 1891 von dem Pfarrer Emil Veesenmayer und
dem Architekten Johannes Otzen formuliert. Der Anlass für die Entstehung des Textes

[3] Hermann Rückert: *Die Pauluskirche.*
Eine Festschrift zur ihrer Einweihung am
29. September 1907. Nachdruck: Darmstadt
1992, S. 2.

4 Ebd., S. 10.

5 *Darmstädter Tagblatt,* 10.10.1906, S. 3.

6 „Die wertvollen Abendmahlsgeräte [sind] eine hochherzige Stiftung unseres Fürstenpaares – ein 2. Kelch ist vom Kirchenvorstand gestiftet […].", zitiert nach Rückert 1992, S. 13.

war der Bau der Ringkirche in Wiesbaden nach Otzens Entwürfen. Die Autoren fordern ein typisches Erscheinungsbild protestantischer Kirchen. Dies gilt für das „allgemeine Gepräge", womit die Fassadengestaltung gemeint ist, ebenso wie für die Gestaltung des Kirchenraumes. Hier sollen Kanzel, Altar und Orgel zentral vor der Gemeinde angeordnet sein, auch um ein optimales audiovisuelles Erleben der Gottesdienstbesucher zu ermöglichen. Es ging im „Wiesbadener Programm" und anderen Schriften um eine Reform des protestantischen Kirchenbaus, die in der zweiten Hälfte des 19. Jahrhunderts heftig diskutiert wurde.

Pützer trug mit seinem Entwurf für die Pauluskirche diesem Programm Rechnung. Er verwendete zwar Elemente historischer Baustile wie Romanik und Gotik, veränderte sie aber, wo dies sein Entwurf erforderte. Außerdem hielt er sich mit Dekor weitgehend zurück. Durch den klaren Aufbau des Gebäudes sind die Funktionen der einzelnen Teile deutlich erkennbar. Die Gemeinde hatte sich bewusst für diese Architektur entschieden, um sich vom neogotischen Erscheinungsbild katholischer Gotteshäuser abzusetzen. So forderte der Pfarrer Rückert: „daß eine Kirche, die doch mehr wie andere Gebäude für spätere Zeiten ein Zeugnis der künstlerischen Kultur der Entstehungszeit sein wird und sein soll, auch in der Formensprache dieser Zeit reden soll."4 An anderer Stelle heißt es über die Pauluskirche: „Jedenfalls liegt hier der ehrliche Versuch vor, eine Kirche zu bauen, die nicht als Nachahmung mittelalterlicher Baustile und Ideen scheint, sondern als ein Bauwerk, das, was eigentlich selbstverständlich sein sollte, den Geist unserer heutigen Zeit atmet."5 Die Zeitgenossen empfanden also das Gebäude als modern und als Ausdruck ihrer Epoche. Die Pauluskirche erhielt ein tonnengewölbtes Hauptschiff mit drei Gurtbögen, das nach Osten um ein zweijochiges Seitenschiff mit Sitzplätzen im Erdgeschoss und auf den Emporen erweitert wurde. Eine weitere Empore wurde an der Südseite eingebaut. Ausgemalt wurde die Kirche vom Dekorationsmaler Paul Gathemann aus Berlin mit Motiven im geometrischen Jugendstil in Gold- und Brauntönen, während die Wandflächen grau gehalten wurden. Auch die mit Schnitzereien verzierte dunkle Holzdecke war teilweise bemalt. Am stärksten hervorgehoben wurde der Chorbereich durch einen großen Triumphbogen mit einem als Flachrelief ausgeführten Christusporträt von Augusto Varnesi. Von diesem Künstler stammen auch alle anderen bildhauerischen Arbeiten in der Pauluskirche – etwa der einzige vollplastische Schmuck, nämlich die Figur des Apostel Paulus am östlichen Hauptpfeiler. Die untere Fensterreihe wurde nach den Entwürfen Heinrich Altherrs mit Darstellungen biblischer Themen geschmückt, die großen Fenster darüber bestanden aus grünem, gelbem und weißem Antikglas. Ein wichtiges Dekorelement waren die elektrischen Lampen, die an einem Messingfries den gesamten Raum umgaben. Von ihnen hat sich leider kein einziges Exemplar erhalten. Die Ausstattung der Kirche wurde bei Künstlern und Kunsthandwerkern in Auftrag gegeben und nicht aus Katalogen bestellt. Dazu gehören auch die wertvollen Abendmahlsgeräte und das prächtige Altarkreuz, welche Ernst Riegel, ein Mitglied der Künstlerkolonie Mathildenhöhe, entworfen hatte, sowie die schönen Paramente und die rosafarbenen Teppiche.6 Diese sorgfältige künstlerische Gestaltung weist den Raum als Gesamtkunstwerk aus. Das besonders schöne Altarkreuz von Riegel ist seit 2014 als Dauerleihgabe der Gemeinde in der Jugendstilsammlung des Hessischen Landesmuseums ausgestellt.

In der Brandnacht vom 11. September 1944 wurde die Pauluskirche durch die Explosion einer Luftmine beschädigt. Dabei wurden die Dächer von Kirche, Pfarrhaus und Küsterhaus abgedeckt und alle Fenster zerbrachen. Schwere Schäden gab es an der Sakristei und am Chor, wobei die Orgel zerstört wurde. Bei der Wiederherstellung 1946 bis 1948 begann man mit der Entfernung des ursprünglichen Dekors, dabei blieb nur der obere Teil des Triumphbogens erhalten, allerdings ohne Varnesis Christusporträt. Die Orgel wurde auf die Südempore verlagert. Der Altar erhielt seinen Platz im Chor, während die Kanzel nach links gerückt wurde. 1957 entschied sich die Gemeinde für eine Neugestaltung des Kirchenraumes unter der künstlerischen Leitung von Helmuth Uhrig und der Bauleitung von Fritz Soeder. Alle Elemente der Jugendstilmalereien von 1907 wurden entfernt, außerdem wurden die Fenster des Chores zugemauert, denn dort sollte Raum für ein Wandgemälde von Uhrig geschaffen werden. Der Künstler entwarf auch die neuen farbigen Fensterscheiben mit Szenen aus dem Leben des Paulus. Heute präsentiert sich der Kirchenraum dem Besucher mit weißen Wänden, blaugrau gestrichener Decke und der gedämpften Farbigkeit der Wandbilder Uhrigs.

Ihre Sonderstellung erhält die Pauluskirche durch ihre Einbindung in das Ensemble des Paulusplatzes. Pützer hatte 1900 den Bebauungsplan für das heutige Paulusviertel entworfen und sah als dessen bedeutendste Platzanlage den Paulusplatz vor. Von Anfang an war klar, dass der Kirchenbau das zentrale beherrschende Bauwerk des Platzes und

[7] Vgl. Gehrig 2014, S. 85.

Luftbild des Ensembles Paulusplatz 1961,
Foto: Herbert Henkler

des gesamten neuen Stadtteils werden sollte. Daher setzte Pützer alles daran, den Auftrag für dieses Bauwerk von der Gemeinde zu erhalten. Er zeichnete nicht nur einen Lageplan und einen Entwurf für die Kirche, sondern präsentierte den Gemeindevertretern auch ein eindrucksvolles Modell der Kirche. Dies gab schließlich den Ausschlag zu seinen Gunsten und eine bereits geplante öffentliche Ausschreibung für den Neubau konnte entfallen. Pützer achtete darauf, dass kein anderes Gebäude am Paulusplatz „seiner" Pauluskirche Konkurrenz machte. So sorgte er dafür, dass das gegenüberliegende Gebäude der Landes- und Hypothekenbank eine schlichte Fassade erhielt, welche die Wirkung der Pauluskirche nicht beeinträchtigt.[7] Pützers Bemühungen waren fruchtbar, denn bis heute hat die Pauluskirche für den Stadtteil, der schließlich nach ihr benannt ist, Symbolcharakter und viele Bürger identifizieren sich mit dem Bauwerk.

Die umgestaltete Bessunger Kirche mit Brautgang und Brunnenhaus, o.D. ca. 1909

Die umgestaltete Bessunger Kirche mit Brautgang und Brunnenhaus, o.D. ca. 1909

Wolfgang Lück

Die Bessunger Kirche

Im Zentrum des 1888 eingemeindeten Darmstädter Stadtteils Bessungen erhebt sich auf einem kleinen Hügel die alte Dorfkirche. Sie ist umgeben von einer mit Bäumen bestandenen Grünanlage, in der einige alte Grabsteine darauf hinweisen, dass hier einmal der Bessunger Friedhof war. Der Blick von Osten auf das Ensemble gibt die Sicht auf den Kirchturm frei, an den sich rechts und links Anbauten schmiegen. Der linke Anbau wiederum erfährt eine Verlängerung durch einen Baukörper, der sich bis zur Bessunger Straße zieht. Er ist eingeteilt in einen langen geraden Abschnitt, eine kapellenartige Ausbuchtung und einen niedrigeren Schlussabschnitt, in dem straßenseitig eine torförmige Öffnung zu sehen ist. Bis auf den Chorturm sind dies die von Friedrich Pützer an die bestehenden Bau angefügten Bauteile. Nicht zu sehen ist die westliche Verlängerung des Kirchenschiffs, vor dem ein kleiner Vorplatz zum Haupteingang führt. Die Häuser der Bessunger Straße sind ein Stück weit entfernt.

[1] Vgl. Georg Dehio: *Handbuch der Deutschen Kunstdenkmäler. Hessen,* Band 2. München/ Berlin 2008, S. 174.

Die Bessunger Kirche wurde 1002 erstmals urkundlich erwähnt. Sie war die Mutterkirche für Darmstadt und die umliegenden Orte. 1574–1576 wurde sie teilweise abgerissen, vergrößert und, im Osten mit einem Chorturm versehen, neu aufgebaut. 1884 wurden im Norden und im Süden Querarme angefügt. Dadurch bekam der Bau eine kreuzförmige Gestalt.[1]

Nach der Teilung der Bessunger Kirchengemeinde und der Fertigstellung der Pauluskirche in der neuen Gemeinde 1907 bekam Pützer den Auftrag, die bestehende alte Kirche zu erweitern und so umzubauen, dass sie den Ansprüchen an eine moderne, zeitgemäße Kirche genügen konnte. 1908–1909 wurden so die schon erwähnten Anbauten und weitere Umbauten vorgenommen. Der Anbau im Norden diente der Vergrößerung der Sakristei. Im Süden entstand eine Vorhalle mit einer Treppenanlage zur Erschließung der Emporen. Der anschließende längere Bau zur Straße hin ermöglichte einen zweiten Eingang zur Kirche. Dieser Bau, Brautgang genannt, sollte insbesondere Brautpaaren den Gang in die Kirche komfortabler machen. Bei schlechtem Wetter war der lange ungeschützte Weg zum Haupteingang wenig einladend. Pützer schuf, direkt an der Straße beginnend, einen überdachten und windgeschützten Zugang, der zudem, da höher im Gelände beginnend, auch mit weniger Stufen auskam.

Normalerweise ist der offene Torbogen an der Straße mit einem Gitter verschlossen. Zu Gottesdiensten ist er jedoch geöffnet. Wenn man eintritt, stößt man auf ein Brunnenbecken. Über dem Wasserzufluss ist eine Reliefplatte von Ernst Riegel (1871–1939) mit dem biblischen Hirschmotiv aus Psalm 42,1 angebracht: „Wie der Hirsch schreit nach frischem Wasser, so schreit meine Seele, Gott, zu dir." Rechts steigt man einen Treppenbogen hoch und gelangt in einen langen Gang mit Holzdecke. Diese ist mit Jugendstilornamenten versehen. Am Ende erreicht man die Vorhalle zum Gottesdienstraum, den man in der Nähe des Altars betritt.

Zu Beginn des 20. Jahrhunderts war es durchaus üblich, bei Neubauten evangelischer Kirchen für Hochzeiten und Taufen besondere Einrichtungen zu schaffen. Herausragendes Beispiel ist der Berliner Dom, der neben der Gemeindekirche auch eine kleinere Tauf- und Traukirche aufweist. Hintergrund dieser Besonderheiten war die im 19. Jahrhundert speziell im wohlhabenden Bürgertum um sich greifende Sitte, Taufen und Hochzeiten nicht mehr nur zu Hause oder in Gaststätten zu feiern, sondern für die dazu gehörende kirchliche Amtshandlung den Pfarrer ins Haus zu holen. Die Kirchengebäude waren seinerzeit oft so unkomfortabel, nicht beheizt, ohne Toiletten, dunkel und unbequem, dass man seinen Gästen und der eigenen Familie derartige Räumlichkeiten nicht zumuten wollte. Es soll Hotels gegeben haben, die sich für Hochzeiten und Taufen eine eigene Orgel anschafften, sodass auch die kirchliche Handlung dort stattfinden konnte. Außerdem war in den entsprechenden Familien auch ein Selbstbewusstsein wie schon früher beim Adel entstanden, dass man sich seinen Pfarrer und seine Kirche selbst leisten konnte. Um diesen Trend zu Haustrauung und Haustaufe zu brechen, setzte man kirchenseits darauf, die Kirchengebäude einerseits attraktiver zu machen, andererseits aber auch die Amtshandlungen in ihrem Eigengewicht zu stärken – und damit auch die Bedeutung der Familie mehr zu betonen. Als dies zielte darauf ab, dass statt Haustaufe und Haustrauung Taufkirche und Traukirche wieder breiter akzeptiert wurden.

Neben dem Bessunger Brautgang liefern andere Kirchen Pützers weitere Beispiele für die wiedererwachende Hochschätzung von Taufe und Trauung. Die Lutherkirche in Wiesbaden verfügt sogar über eine überdachte Wagenvorfahrt für Brautpaare. Und in der Lutherkirche in Offenbach gab es einen gesonderten Taufraum.

Im Innern der Bessunger Kirche wurden die Emporen erweitert. Die Orgel wurde in eine Bogenöffnung im Turm oberhalb des Altars eingebaut. Taufstein und Kanzel schuf Riegel. Der Raum wurde mit einer Holztonne eingewölbt, die mit ornamentalen Malereien im Jugendstil geschmückt wurde.

1965–1967 wurde eine neue Westempore als Brücke zwischen den bestehenden Emporen geschaffen und darauf eine neue größere Orgel gebaut. Alles „Jugendstilige" an Wänden und Decke wurde beseitigt. Die Umbauten entsprachen einem neuen Verständnis von Kirche und Gottesdienst, das sich nach zwei Weltkriegen herausgebildet hatte. In den 1990er-Jahren wurde die Frage gestellt, ob man nicht, wie andernorts geschehen, den Jugendstil etwa an dem Gewölbe wieder sichtbar machen sollte. Im Kirchenvorstand fand sich dafür aber keine Mehrheit. So ist von Pützers Umbau im Kirchenraum selbst so gut wie nichts mehr sichtbar.

Der Innenraum der Bessunger Kirche nach der Umgestaltung durch Friedrich Pützer 1908–1909

Die Dreifaltigkeitskirche in Ebertstadt, o.D.

Wolfgang Lück

Eberstädter Dreifaltigkeitskirche

Die alte Eberstädter Kirche, die heutige Dreifaltigkeitskirche, steht auf dem östlichen Ende
einer lang gezogenen Flugsanddüne, die im Westen nicht bebaut, sondern als Naturschutz-
gebiet offengeblieben ist. Der hohe schlanke Turm der Kirche scheint vom Modautal aus
gesehen, in landwirtschaftlich geprägter Umgebung aufzuragen. Doch schaut man nicht
von Westen, sondern von Osten, wird deutlich, dass zu Füßen der Kirche das Ortszentrum
mit parkenden Autos und Denkmal liegt. Über einen breiten Fahrweg gelangt man von
Westen aus über ehemaliges Friedhofsareal bequem zur Kirche. Die Alternative wären Treppen vom Ortszentrum aus. Auf dem Plateau, auf dem die Kirche steht, liegt einem ein Teil
des alten Eberstadt zu Füßen.

[1] Vgl. Georg Dehio: *Handbuch der Deutschen Kulturdenkmäler. Hessen,* Band 2. München/Berlin 2008, S. 176.
[2] Vgl. Nadja Villwock: „Dreifaltigkeitskirche, Eberstadt", unter: https://www.darmstadt-stadtlexikon.de/d/dreifaltigkeitskirche-eberstadt.html (abgerufen: 14.03.2021).

Eine Kirche wurde in Eberstadt erstmals um 1260 schriftlich erwähnt. Die unteren Turmgeschosse stammen noch von dem Ursprungsbau (1523), der im Übrigen mehrfach zerstört, 1604 vergrößert und 1715 saniert wurde. Der Turm erfuhr 1851 eine Aufstockung und wurde mit einer spitzen Haube versehen.[1] 1912/13 erfolgte ein gründlicher Umbau durch Friedrich Pützer. An den Turm wurden beidseitig Räume angebaut, im Norden entstand für den Haupteingang eine Vorhalle, die außen Säulen aufweist und einen mit Jugendstildekor verzierten Tympanon. Nördlich wurde in Höhe des Altars eine Sakristei mit direkter Verbindung zu Kanzel und Altar angebaut. Im Inneren entfernte man die nördliche Seitenempore, um mehr Licht in den Raum zu bringen. Hinter dem Altar baute man von dorischen Säulen getragen die Orgel ein. Im Kirchenschiff wurde eine mit farbigen Jugendstilmalereien geschmückte Kassettendecke eingezogen, entsprechend ornamental waren die Wände ausgemalt.

1961 wurde das Langhaus im Osten erweitert. Die Orgel wurde auf die Westempore versetzt. Die Kassettendecke mit den Jugendstilmalereien verbarg man unter einer neuen Holzdecke. Alle Dekorationen der Renovierung seitens Pützer wurden entfernt.[2]

Das Innere nach der Umgestaltung durch Friedrich Pützer, 1911–1912

Wolfgang Lück

Die Dorfkirche in Affolterbach

Affolterbach liegt breit hin gelagert im Odenwälder Ulfenbachtal. In seiner Mitte ragt
der Kirchturm empor. Die spätgotische Vorgängerkirche hatte keinen derart markanten
Kirchturm. Die alte Kirche war auch schon lange eine Ruine. Seit 1792 durften wegen
Einsturzgefahr dort keine Gottesdienste mehr abgehalten werden. Der für die Bauunter-
haltung zuständige Freiherr von Mayerhoff war Katholik und weigerte sich, für eine re-
formierte Gemeinde die Kirche zu finanzieren. Die Gemeinde benutzte Wirtshaussäle und
später die Schule für ihre Gottesdienste. Ab 1874 kam es jedoch zu Initiativen für einen
Kirchenbau, die schließlich 1906/07 zum Bau der bestehenden Kirche mit Friedrich Pützer
als Architekten führten. Pützer plante am alten Standort eine malerische Baugruppe um
die Kirche, die sich an einen gewaltigen Turm mit Zeltdach schmiegt, umgeben von einer
Mauer mit Zugang zur Kirche durch einen Torbogen. Die Kirche steht mitten im Dorf an
einer Straßenkreuzung. Es gibt zwei Eingänge, einer davon mit reich verzierter Halle, wohl
als Brautportal gedacht. Im Inneren sind Altar, Kanzel und Orgel dem „Wiesbadener Programm" in einer Achse entsprechend angeordnet. Die Kanzel-Orgel-Wand ist ganz in Holz
gearbeitet, ebenso wie die Gewölbetonne. Unter der Orgel befindet sich nach dem Prin-
zip des Gruppenbaus ein Versammlungsraum.

Friedrich Pützer, Gustav-Adolf-Kirche in Affolterbach, o.D. nach 1907

Von außen ist die Kirche weiß verputzt. Der Turm ist auf Höhe des Glockenstuhls mit grau gestrichenen Holzschindeln verkleidet, ebenso der Giebel nach Westen hin. Damit ist ein Regionalbezug im Sinne des Heimatstils hergestellt. Am Westgiebel erkennt man einen apsisartigen Erker. Die Fenster beleuchten den Versammlungsraum unter der Orgel und sind vom Kirchenraum aus nicht zu sehen.

Bis hin zur Gestaltung der Sitzbänke ist Jugendstildekor prägend in fast allen Details. Bei einer Renovierung im Jahr 1962 wurden die Wände weiß und die Holzteile grau gestrichen. Man lehnte die Farbigkeit und Bildhaftigkeit des Jugendstils ab. 1999 wurde der alte Zustand wiederhergestellt. So ist die Affolterbacher Dorfkirche ein wichtiges erhaltenes Zeugnis von Pützers Kirchenbaukunst.

[1] Vgl. https://de.wikipedia.org/w/index.php?title=Robert_Cauer_der_J%C3%BCngere&oldid=185523328 (abgerufen: 04.04.2020); Wolfgang Glüber: „Cauer, d.J. Robert", unter: https://www.darmstadt-stadtlexikon.de/de/c/cauer-d-j-robert.html (abgerufen: 14.03.2021).

Wolfgang Lück

Der Architekt und seine Künstler

Friedrich Pützer arbeitete mit verschiedenen bildenden Künstlern zusammen, wenn es um Schmuckelemente an Brunnen, an Gebäuden oder um die Innenausstattung von Kirchen ging. Da war Augusto Varnesi, ein Kollege an der Technischen Hochschule (TH) in Darmstadt, ein oft gefragter Partner. Auch die Künstler der Künstlerkolonie Mathildenhöhe in Darmstadt lieferten immer wieder ihre Beiträge bis hin zu Abendmahlsgeräten in den Kirchen. Die wichtigsten Namen sollen hier kurz vorgestellt werden. Dabei wird leicht erkennbar, dass es in der relativ kleinen Residenzstadt Darmstadt ein Netzwerk von Architekten und Künstlern gab. Die gelegentlich hervorgehobene Gegensätzlichkeit von Architekten der TH und den Mitgliedern der Mathildenhöhe war nicht wirklich trennend.

Robert Cauer der Jüngere (1863–1947) schuf 1907 das Tympanonrelief am Treppenaufgang der Pauluskirche in Darmstadt. Cauer stammte aus Bad Kreuznach. Er ging bei seinem Vater, dem Bildhauer Carl Cauer, in die Lehre. Nach Studienaufenthalten in Rom und den USA arbeitete er zunächst in Berlin, wo ein Teil der Familie lebte, und in Bad Kreuznach. Er ließ sich 1906 in Darmstadt als freier Bildhauer nieder. Dort hatte er durch seinen Schwager – den Komponisten Arnold Mendelssohn (1855–1933), Großneffe Felix Mendelssohn-Bartholdys (1809–1847) – schon früher Kontakte zur großherzoglichen Familie aufgebaut. Mendelssohn war Kirchenmusikmeister der Evangelischen Landeskirche in Hessen. Schon 1893 hatte Cauer eine Porträtbüste des jungen Großherzogs Ernst Ludwig angefertigt. Cauer schuf zahlreiche Grabmäler und Porträtbüsten. 1916 verlieh ihm Großherzog Ernst Ludwig den Professorentitel.[1]

[2] Vgl. https://de.wikipedia.org/w/index.php?
title=Ludwig_Habich&oldid=197564952
(abgerufen: 08.04.2020).
[3] Vgl. Renate Ulmer: „Habich, Ludwig", unter:
https://www.darmstadt-stadtlexikon.de/h/
habich-ludwig.html (abgerufen: 14.03.2021).

Heinrich Jobst, Brunnen im Garten Pützers, 1910

Ludwig Habich (1872–1949) gestaltete zusammen mit Pützer 1906 den Bismarck-Brunnen auf dem Ludwigsplatz in Darmstadt. In Darmstadt geboren, kam Habich bereits als Schüler zum berühmten Bildhauer Benedikt König (1842–1906), der sowohl in München und Berlin als auch in Darmstadt ein großes Atelier führte. Mit 15 Jahren begann Habich eine Ausbildung als Bildhauer am Städelschen Kunstinstitut in Frankfurt am Main bei Gustav Kaupert (1819–1897). Zugleich besuchte er das Realgymnasium in Darmstadt. Nach dem Abschluss des Gymnasiums 1890 nahm er das Bildhauerstudium an der Kunstakademie Karlsruhe bei Hermann Volz (1847–1941) auf. Er setzte das Studium 1892 in München bei Wilhelm von Rümann (1850–1906) fort, beendete dieses Studium offiziell aber erst 1900. Schon seit 1893 war er als Bildhauer eigenständig sehr erfolgreich. Seine Kleinplastiken *Flötenspieler, Badende und Narziß* entstanden im Zusammenhang mit den Vereinigten Werkstätten für Kunst im Handwerk (München und Bremen) und gehörten um 1900 zu den bekanntesten Kleinbronzen in Deutschland.

In Darmstadt war er 1889 an der Gründung der Freien Vereinigung Darmstädter Künstler beteiligt. Ab 1892 stand er als Porträtist in Verbindung zum großherzoglichen Hof. 1899 berief ihn Großherzog Ernst Ludwig als einen der ersten sieben Künstler an die neu gegründete Künstlerkolonie Darmstadt.

In der Darmstädter Zeit beschäftigte sich Habich auch auf dem Gebiet der angewandten Kunst. Seine Entwürfe für Gebrauchsgegenstände, Schmuckarbeiten und Steinzeug wurden vom Keramiker Jakob Julius Scharvogel (1854–1938) umgesetzt.

Recht zahlreich und bemerkenswert sind Habichs Freiplastiken in Darmstadt. Dazu gehören die monumentalen Portalfiguren *Mann* und *Frau* von 1901 am Südeingang des Ernst-Ludwig-Hauses, dem damaligen Atelierhaus. Jünglingsfiguren waren Habichs Besonderheit. Davon zeugen das Goethe-Denkmal im Herrngarten (1903), das Gottfried-Schwab-Denkmal (1906) und der trinkende Jüngling des Wandbrunnens am Olbrich-Haus auf der Mathildenhöhe (1901). Auf dem Wilhelminenplatz entstand 1902 das Denkmal für die Großherzogin Alice und 1904 das Grabdenkmal für Prinzessin Elisabeth auf der Rosenhöhe. Die Jünglingsfiguren entsprachen später den Kunstvorstellungen der Nationalsozialisten. Eine schon um 1900 geschaffene Figur mit dem ursprünglichen Titel *Den Sternen entgegen* wurde 1940 wegen der dargestellten Körperhaltung als *Der Deutsche Gruß* mit einem Kunstpreis ausgezeichnet.[2]

1906 wurde Habich als Professor für Bildhauerei an die TH Stuttgart berufen und 1910 an die Stuttgarter Kunstakademie. Nach seiner Emeritierung kehrte er 1937 nach Darmstadt zurück. Nach der Zerstörung seines Hauses im Zuge des Zweiten Weltkriegs zog er nach Jugenheim an der Bergstraße.[3]

Heinrich Jobst (1874–1943) schuf 1928 das Leibgardisten-Denkmal am Schlossgraben. Im öffentlichen Raum Darmstadts sind unter anderem von 1912 die zwei Löwen vor dem Landesmuseum und von 1913 das Liebigdenkmal auf dem Luisenplatz zu sehen. Für Pützers Privathaus auf der Mathildenhöhe schuf Jobst 1910 ein Gartenhaus und einen Brunnen. Am Gebäude des Hauptbahnhofs stammt bauplastischer Schmuck von Jobst, ebenso an Pützers Mauerbrunnen am Bahnhofsvorplatz. Jobst porträtierte zahlreiche Personen des öffentlichen Lebens, so auch Pützer.

Jobst stammte aus der Oberpfalz. Er war Sohn eines Steinmetzes. Mit sechs Jahren kam er nach München. Dort machte er ab 1888 eine Lehre beim Bildhauer Johann Nepomuk Hartmann (1820–1903). 1896 bis 1898 studierte er an der Akademie für bildende Künste in München und war dann Mitarbeiter von Georg Wrba (1872–1939). 1901 nahm er die Stelle eines Fachlehrers in der Bildhauerklasse der Kunstgewerbeschule München an und schuf in der Folgezeit zahlreiche Kleinplastiken. 1907 wurde Jobst an die Künstlerkolonie auf der Mathildenhöhe in Darmstadt berufen. Zugleich war er als Lehrer für Plastik in den Großherzoglichen Lehrateliers für angewandte Kunst verpflichtet. Hier trat Jobst Habichs Nachfolge an. Er nahm 1908 an der Hessischen Landesausstellung teil. Sein größter Auftrag war die Ausgestaltung der neuen Kuranlagen in Bad Nauheim mit den beiden Becken des großen Sprudels im Sprudelhof 1911–1913. Die Großherzogliche Keramische Manufaktur belieferte er mit Modellen für figürliche Baukeramik und Gartenterrakotta. Große internationale Anerkennung veschafften ihm seine ab 1907 geschaffenen Medaillen und Plaketten sowie ein hessisches Dreimarkstück, das 1917 zum 25-jährigen Regierungsjubiläum des Großherzogs Ernst Ludwig herausgegeben wurde.[4]

Ernst Riegel (1871–1939) gestaltete unter anderem den Taufstein und die Kanzel in der von Pützer 1908/09 erweiterten und umgebauten Bessunger Kirche in Darmstadt. Er schuf auch das Brunnenrelief in dem neu entstandenen Brautgang mit dem Hirschmotiv aus Psalmen 42,1: „Wie der Hirsch schreit nach frischem Wasser".
Wie für die Bessunger Kirche fertigte Riegel für über 30 Kirchengemeinden liturgische Geräte und Ausstattungen an. Dazu gehörten vor allem auch die Kirchbauten Pützers in Darmstadt und Worms. 1908 nahm er als Mitglied der Künstlerkolonie Darmstadt an der dritten Hessischen Landesausstellung auf der Mathildenhöhe mit über 50 Arbeiten teil. Riegel stammte aus Unterfranken, sein Geburtsort war Münnerstadt. 1890 besuchte er die Königliche Kunstgewerbeschule in München. Er studierte fünf Jahre Bildhauerei und Goldschmiedekunst unter anderem bei Fritz von Miller (1840–1921). Er wurde zu einem erfolgreichen Vertreter des Jugendstils. 1906 wurde er von Großherzog Ernst Ludwig als Lehrer für Kleinkunst an die Großherzoglichen Lehrateliers für angewandte Kunst berufen. 1913 wechselte er nach Köln, wo er an der Kölner Kunstgewerbe- und Handwerkerschule die Leitung der Gold- und Silberschmiedeklasse übernahm. 1926 wurde er zum Professor ernannt. Er fertigte verschiedentlich Amtsinsignien wie Ketten für Oberbürgermeister an, so auch die des Darmstädter Oberbürgermeisters. 1933 wurde er unter nationalsozialistischem Einfluss als Kunstlehrer entlassen. Er starb 1939 in Köln. In den 1990er-Jahren wurden seine Arbeiten neu entdeckt und mit Ausstellungen, zum Beispiel im Hessischen Landesmuseum in Darmstadt 1996, gewürdigt.[5]

Jakob Julius Scharvogel (1854–1938) stattete 1912 den von Pützer geplanten Fürstenbahnhof mit Keramiken aus. Fürstenbahnhöfe waren bis zum Ersten Weltkrieg in den Residenzstädten der regierenden Herrscherhäuser üblich. Sie konnten von gesonderten Empfangsräumen im Bahnhofsgebäude bis zu eigenen Bahnhöfen reichen. Die Ausstattung der Fürstenbahnhöfe musste den Ansprüchen der hohen Herrschaften genügen, die hier empfangen oder verabschiedet wurden und zum Teil auch mit eigenen Sonderzügen reisten.

[4] Vgl. Renate Ulmer: „Jobst, Heinrich", unter: https://www.darmstadt-stadtlexikon.de/j/jobst-heinrich.html (abgerufen: 14.03.2021); https://de.wikipedia.org/w/index.php?title=Heinrich_Jobst&oldid=193118575 (abgerufen: 11.04.2020).

[5] Vgl. Wolfgang Glüber: „Riegel, Ernst", unter: https://www.darmstadt-stadtlexikon.de/r/riegel-ernst.html (abgerufen: 14.03.2021); https://de.wikipedia.org/w/index.php?title=Ernst_Riegel&oldid=197859073 (abgerufen: 11.04.2020).

6 Vgl. https://de.wikipedia.org/w/index.php?
title=Jakob_Julius_Scharvogel&oldid=1915
59588 (abgerufen: 16.04.2020); Renate Ulmer:
„Scharvogel, Jakob Julius", unter: https://www.
darmstadt-stadtlexikon.de/sch/scharvogel-
jakob-julius.html (abgerufen: 14.03.2021).

Der Darmstädter Fürstenbahnhof ist ein pavillonartiger Gebäudeteil der Gesamtanlage des Hauptbahnhofs von 1912 mit einem gesonderten Zugang zu Gleis 1, das nicht für den allgemeinen Bahnverkehr zur Verfügung stand.

Scharvogel stammte aus Mainz. Er besuchte dort die Handelsschule und ab 1868 die Industrieschule in Zürich. Nach einem Jahr kehrte er zurück und studierte vier Semester an dem 1869 neu gegründeten Polytechnikum in Darmstadt Mathematik, Chemie und Physik. Auf der Weltausstellung in Paris 1878 sah Scharvogel japanische Keramiken, die ihn faszinierten. Bald darauf studierte er in London im South Kensington Museum Gegenstände aus Keramik. Er begann, sich mit der Herstellung von Keramiken zu beschäftigen. Das führte letztlich dazu, dass er 1883 im Keramik-Werk Villeroy & Boch in Mettlach im Saarland als Fabrikingenieur und stellvertretender Direktor angestellt wurde. Damit konnte Scharvogel seine kaufmännische Ausbildung mit dem Interesse an Keramik verbinden. In den folgenden Jahren vertiefte Scharvogel seine Kenntnisse in Herstellungsverfahren keramischer Materialien. 1898 verließ er die Firma, um sich ganz seinen künstlerischen Interessen und deren Entwicklung zu widmen.

1898 zog Scharvogel mit seiner Familie nach München und gründete dort eine eigene Kunsttöpferei für keramische Gefäße, Lampen usw., zum Teil nach japanischem Vorbild. Er entwickelte neue Techniken und verbesserte Qualitäten für seine Keramiken, die ihn bekannt machten. So ergab sich auch eine Verbindung zu den 1898 gegründeten Vereinigten Werkstätten für Kunst im Handwerk in München, wodurch er Habich kennenlernte und der Kontakt nach Darmstadt entstand. 1901 und 1904 war er in den Ausstellungen auf der Mathildenhöhe mit seinen Arbeiten vertreten. Von Josef Maria Olbrich (1867–1908) gebaute Villen wurden mit seinen Keramiken ausgestattet. Zusammen mit Olbrich und Peter Behrens war Scharvogel 1907 eines der Gründungsmitglieder des Deutschen Werkbundes in München.

Großherzog Ernst Ludwig plante eine eigene Keramikmanufaktur und betraute 1904 Scharvogel mit der Erstellung eines Konzepts. 1906 kam es daraufhin zur Gründung der Großherzoglichen Keramischen Manufaktur in Darmstadt, deren Leitung Scharvogel übernahm. Im Vordergrund stand die Kachel- und Fliesenproduktion. Ein Großauftrag für die Manufaktur war die Ausstattung der Badekuranlagen in Bad Nauheim 1907–1911. Letztlich war die Manufaktur jedoch wirtschaftlich nicht erfolgreich. Das trübte Scharvogels Verhältnis zum Großherzog, weshalb er diesen 1913 unter Nennung gesundheitlicher Gründe um Entlassung bat. Scharvogel kehrte nach München zurück und lebte und arbeitete dort bis zu seinem Tod 1938.[6]

Augusto Varnesi (1866–1941) wurde 1895 an die TH Darmstadt berufen. Er lehrte ornamentales Zeichnen und Modellieren. Ab 1907 war er als Professor für Dekorative Plastik ein Kollege Pützers, der ihn oft mit entsprechenden Aufgaben in der Ausgestaltung besonders von Kirchenräumen betraute. 1907 schuf Varnesi die Paulusstatue in der Pauluskirche in Darmstadt. Der Apostel ist stehend dargestellt mit Schwert, Buch und Halbglatze. Mit diesen Attributen hatte ihn Albrecht Dürer auf einer der beiden Tafeln des berühmten und bei Protestanten sehr beliebten Diptychons *Die vier Apostel* (1526, Alte Pinakothek München) gemalt. Auf dem Gemälde sieht man Paulus allerdings von der Seite, während die Figur Varnesis frontal in den Kirchenraum ausgerichtet ist. Am 2. Februar 1866 wurde Varnesi in Rom geboren. Sein Vater war Bildhauer und Erzgießer. Varnesi studierte an der Accademia di San Luca in Rom. Er wurde Schüler des deutschen Bildhauers Wilhelm Widemann (1856–1915) und ging 1883 zusammen mit diesem nach München. Als Widemann Dozent an der Frankfurter Kunstgewerbeschule wurde, folgte ihm Varnesi auch dorthin. Nachdem Varnesi den Wehrdienst in Italien abgeleistet hatte, gingen Widemann und er 1891 nach Berlin, wo sie plastische Dekorationen am Reichstag ausführten. Ab 1896 lebte Varnesi als freischaffender Künstler in Frankfurt am Main. Von dort aus nahm er seine Lehrtätigkeit in Darmstadt wahr.

In Frankfurt am Main hinterließ Varnesi zahlreiche Figurengruppen und Reliefdarstellungen. 1905 schuf er unter anderem den Skulpturenschmuck in der von Pützer erbauten Matthäuskirche. Er gestaltete das sogenannte Goldene Buch der Stadt Frankfurt und verschiedene Medaillen. In der Darmstädter Pauluskirche stammte neben der Paulusstatue das Christusmedaillon im Scheitel des Chorbogens von Varnesi. Es ist leider nicht mehr erhalten.

Zu seinen Arbeiten zählen auch die beiden Atlanten am Eingangsportal der heutigen Kirchenverwaltung der Evangelischen Kirche in Hessen und Nassau am Paulusplatz. Er war zudem an der Gestaltung der Sarkophage im neuen Mausoleum auf der Rosenhöhe beteiligt. Außerhalb Darmstadts finden sich Arbeiten von ihm in der von Pützer umgebauten Johanneskirche in Mainz *(Johannes der Täufer)* und in der Lutherkirche in Worms *(Vier Evangelisten)*. 1922 schuf er Pützers Grabmal auf dem Waldfriedhof in Darmstadt. 1933 wurde Varnesi emeritiert. 1941 starb er in Frankfurt am Main.[7]

Zwei weitere Künstler sind noch zu erwähnen, die von Pützer erbaute Kirchen ausschmückten, allerdings nicht in Darmstadt, sondern in Offenbach und Budenheim.

Johann Vinzens Cissarz (1873–1942) war Buchgestalter und Plakatentwerfer. 1903 wurde er in die Künstlerkolonie Darmstadt berufen. Er blieb nur bis 1906, hielt aber den Kontakt zu Darmstadt weiterhin. 1912 übernahm er die Innenausgestaltung der von Pützer geplanten Friedenskirche in Offenbach. Er schuf unter anderem ein großes Wandgemälde hinter dem Altar mit dem Motiv des segnenden Christus.

Richard Throll (1880–1961) war Maler und Designer. Er gestaltete 1912 die von Pützer gebaute Dorfkirche in Budenheim bei Mainz mit Malerei und einem Gemälde des *Guten Hirten* aus. Er war Professor an den Technischen Lehranstalten in Offenbach.

[7] Vgl. https://de.wikipedia.org/w/index.php?title=Augusto_Varnesi&oldid=196788576 (abgerufen: 18.04.2020); Alexa-Beatrice Christ: „Varnesi, Augusto", unter: https://www.darmstadt-stadtlexikon.de/de/v/varnesi-augusto.html (abgerufen: 14.03.2021).

Pützer heute

[1] Vgl. Rudolf Wintermann: „Der Wiederaufbau der Pauluskirche nach 1945", in: Kirchenvorstand der Ev. Paulusgemeinde zu Darmstadt (Hg.): *Fünfzig Jahre Pauluskirche zu Darmstadt. Festschrift am Michaelistag, dem 29. September 1957*. Darmstadt 1957, S. 27–38.

Wolfgang Lück

Wiederaufbau mit Bildersturm

Im Laufe der Kirchengeschichte wurden Kirchenräume immer wieder umgestaltet, weil sich Theologie und Liturgie geändert hatten. In der Reformationszeit mussten die Heiligenbilder aus den evangelisch gewordenen Kirchen verschwinden. Das geschah manchmal auf so heftige Weise, dass es einem Bildersturm gleichkam. Spektakulär war die Änderung des Standorts der Hauptaltäre in katholischen Kirchen in Folge des Zweiten Vatikanischen Konzils 1962–1965. Die weltweit umzusetzenden Veränderungen riefen nicht nur Zustimmung, sondern auch Protest hervor. Nach dem Denkmalschutz wurde nicht gefragt; das neue theologische Erfordernis hatte Vorrang.

Solche Vorgänge kennt man auch in der evangelischen Kirche, vor allem in den Jahren nach dem Zweiten Weltkrieg: Teilweise zerstörte Kirchen mussten wiederaufgebaut werden, Renovierungen waren nötig. Beides bot die Gelegenheit zu prüfen, ob nicht die Veränderungen in Kirche und Theologie in den ersten Jahrzehnten des 20. Jahrhunderts und insbesondere der sogenannte Kirchenkampf während des Nationalsozialismus berücksichtigt werden müssten. Die Darmstädter Pauluskirche ist dafür ein Beispiel.

In der Festschrift zum 50-jährigen Bestehen der Kirche 1957 begründete Gemeindepfarrer Rudolf Wintermann, warum man anstelle einer reinen Reparatur der Schäden sehr umfangreiche Umbauarbeiten vorgenommen hatte, die ihm noch nicht einmal weit genug gingen: Am liebsten wäre ihm ein Neubau gewesen.[1] Doch dafür war der Bestand noch zu umfangreich. Wenigstens aber sollten die aus der gegenwärtigen Sicht nicht mehr zeitgemäßen Gestaltungen beseitigt beziehungsweise verändert werden. Insbesondere die Schmuckelemente des Jugendstils, die man als bloßen Zierrat ohne inhaltliche Bedeutung empfand, wurden als obsolet empfunden. Ein Kreuz oder ein aussagekräftiges Bild sollten als einziges bleiben dürfen.

Besonders wichtig war die Anordnung von Altar, Kanzel und Orgel. Ihre bisherige Anordnung zeugte von einem Gottesdienst- und Gemeindeverständnis, das den Vorstellungen der Nachkriegszeit nicht mehr entsprach: der Wortkirche. Der Altar stand wenig erhöht in der Mitte der Gemeinde, dahinter die Kanzel, dann kamen der Kirchenchor und die Orgel. Das alles stellte den Gottesdienst als Handeln der Gemeinde dar, in dessen Zentrum die Wortverkündigung stand. Das Abendmahl war dagegen eine Nebensache, die vielfach nur vier Mal im Jahr angeboten wurde oder als jährliches Ständeabendmahl ein starres soziales Ritual war, dem man sich nicht entziehen konnte.

Dies alles müsse nach den Erfahrungen der letzten 40 Jahre als Fehlentwicklung angesehen werden, meinte Wintermann. In den vergangenen Jahren – insbesondere im Kirchenkampf während des „Dritten Reichs" – habe man die Liturgie im Gottesdienst als Ergänzung des Predigtgedankens neu schätzen gelernt. Nun stimmte die Gemeinde in das Glaubensbekenntnis ein und erfreute sich an den vermehrten Abendmahlsangeboten.

Mit der Liturgie wurde auch der Altar neu entdeckt, von dem aus Gottes Wort ohne Zusatz gesprochen wird in Gnadenverkündigung und Segen, und Beten und Anbeten vollmächtig geschieht.

Im Angesicht des Altars geht es für den Einzelnen nicht mehr nur um Erbauung, sondern auch um einen Opfergang, eine Hingabe an Gott. Diese neue Bedeutung des Altars musste hervorgehoben werden, indem man ihn deutlich erhöhte, die Kanzel hinter ihm zur Seite rückte und im Chor Platz schaffte durch Verlegung der Orgel.

Natürlich gab es Widerspruch. Die neuen Entwicklungen in der Theologie und die Vorstellung dessen, was man für schön hielt, wurden längst nicht von allen Gemeindemitgliedern geteilt und mitgetragen. Viele wollten bei der ihnen vertrauten liberalen Theologie und Gestaltung des Kirchenraumes bleiben. Die Auseinandersetzungen darüber, was jetzt gelten sollte, dürften emotional geführt worden sein.

Die Gründe für diese Auseinandersetzungen liegen in den Jahren des „Dritten Reichs", zu dem die evangelische Kirche zwei diametrale Positionen entwickelte. Sie wirkten sich auf die weitere Entwicklung der evangelischen Kirche in der Nachkriegszeit massiv aus: Die den Nationalsozialismus unterstützenden sogenannten „Deutschen Christen" wurden verdächtigt, mit ihrer bürgerlich liberalen Theologie und Liturgie eine der Ursachen für den Aufstieg des Nationalsozialismus gewesen zu sein. Gegen Eingriffe der Nationalsozialisten in die Kirche hatten sich ab 1934 zunächst der Pfarrernotbund und dann die daraus hervorgehende „Bekennende Kirche" gewehrt. Sie vertraten Positionen der nach dem Ersten Weltkrieg entstandenen gesellschaftskritischen dialektischen Theologie und setzten auf ein neues Gottesdienstverständnis. Die Auseinandersetzungen waren zum Teil erbittert und spalteten Gemeinden, zumal alles auch vermengt war mit den politischen Fragen und Sorgen in einem diktatorischen Regime.

Mit dem Ende des Nationalsozialismus stand die Bekennende Kirche auf der Seite der Sieger und vertrat mit großem Selbstbewusstsein ihre Positionen. Sie schien legitimiert zu sein, die evangelische Kirche neu zu bauen und damit auch größere Umbauten durchzusetzen. Die Zeichen der alten Kirche mussten verschwinden.

Blick entlang der Nord-Südachse. Zeichner und Datum sind nicht bekannt, die Darstellung gibt vermutlich den Originalzustand von 1912 wieder.

Bärbel Herbig
Olaf Köhler

Ein Denkmal, das aus dem Blick geraten ist: Friedrich Pützers Verkehrsamtpavillon am Platz der deutschen Einheit 16

In der Denkmalpflege hilft meist ein zweiter Blick. Allzu oft nur verstellt der erste Eindruck den Blick auf die wesentlichen Aspekte. Gewohnte und tradierte Wahrnehmungsmuster unserer Umwelt verwehren dem Betrachtenden die Sicht auf die wahre Geschichte – aber gibt es sie überhaupt, die eine, die wahre Geschichte?

Ein wesentlicher Aspekt denkmalpflegerischer Arbeit ist der Erhalt der Denkmale als Zeugnisse vergangener Zeiten und Kulturen. Sie vermitteln nicht nur Geschichte, vielmehr sind sie Teil unserer Geschichte – im besten Fall wird diese durch sie „anfassbar", gar begreifbar. Aber was ist die „unverfälschte" Geschichte dieses rätselhaften kleinen Tempelbaus? Der kleine Tempel, heute mitten im Verkehrsgetöse des Bahnhofvorplatzes auf einer Verkehrsinsel, zwischen Taxis und Buslinien, in seinem Rücken von einem großen Hotelbau bedrängt und seines ursprünglichen baulichen Anschlusses an das Gesamtensemble der Bahnhofsanlage beraubt, verdient diesen zweiten Blick.

Mit Vitus Saloshankas fotografischem Blick wird die heutige Situation am südlichen Bahnhofsvorplatz präzise erfasst: zum einen das tempelartige Gebäude, auf dessen Fassade in gelber Farbe, versetzt auf Säulen und Rückwand „Cage" und „Cola" zu lesen ist und auf dessen Walmdach ein schlichtes Schild mit Traube und Blume auf die momentane Nutzung des Ensembles durch die Initiative Essbares Darmstadt[1] hinweist. Auch der in die Umfassungsmauer eingelassene Wandbrunnen aus Muschelkalk wird ins Blickfeld gerückt. Lange schon sprudelt hier kein Wasser mehr, der Putz bröckelt, Graffiti verunstalten Einfriedungsmauer und Brunnen. Weder der Pavillon noch der Wandbrunnen zeigen sich in einem guten Zustand, wie die Abbildung auf Seite 31 zeigt.

Dabei hatte Pützer, Architekt des Hauptbahnhofs, dieses Ensemble aus Pavillon, Wandbrunnen und Umfassungsmauer als südlichen Abschluss des Hauptbahnhofumfeldes sorgfältig gestaltet. Neben den beiden Plätzen vor den Haupteingängen hatte er mit der lang gestreckten Nord-Süd-Achse vom kaiserlichen Postamt im Norden bis zum südlichen Ensemble den Hauptbahnhof städtebaulich großzügig eingebunden. Entworfen wurde das Postamt vom Frankfurt Architekten Friedrich Sander, eröffnet wurde es 1912 zusammen mit dem Hauptbahnhof.

Mit Pützers Tempelensemble hatte das Straßen- und Platzbild, wie schon in der zeitgenössischen Presse festgestellt wurde, „den aus künstlerischen Gründen unbedingt nötigen Abschluss"[2] gefunden. Während die beiden Plätze vor den Eingängen heute erkennbar gestaltet sind, ist die Nord-Süd-Achse aus dem Blick geraten.

Geprägt wird der südliche Platzabschluss von dem einstöckigen Gebäude, das mit den vier dorischen Säulen an einen klassischen Tempel erinnert. Er war ursprünglich der markante Abschluss an der südlichen Kante des Vorplatzes des Fürstenbahnhofs und wurde von einem prägnanten Walmdach gekennzeichnet. An das Gebäude schloss beidseitig eine hohe Mauer an, mit Sitzbänken in den halbrunden Anschlüssen. Westlich verband die heute an der Stelle nicht mehr vorhandene Mauer das kleine Gebäude mit dem ebenfalls von Pützer entworfenen Verwaltungsgebäude der Bahn. Nach Osten und Süden umschloss die Mauer in einem Bogen einen Innenhof, der von Süden, wie zwei erhaltene Torpfosten noch zeigen, zugänglich war. Ihr Pedant findet die tempelartige Fassade in dem über 290 Meter entfernten Portikus der kaiserlichen Post – eine Sichtachse, die über eine Reihe von Kandelabern zusätzlich betont wurde.

[1] Vgl. https://essbaresdarmstadt.de/die-klause/ (abgerufen: 28.07.2020).

[2] *Darmstädter Tagblatt,* 04.06.1912, S. 5.

Der Pavillonbau im Originalzustand um 1912. Der Fotograf ist unbekannt.

Luftbild des Hauptbahnhofs in Richtung Westen: In der Bildmitte das Empfangsgebäude des Hauptbahnhofs und am linken Bildrand das Pavillonensemble als südlicher Platzabschluss, o.D. ca. 1920er-Jahre

[3] Ebd.

[4] Vgl. ebd.

[5] Ebd.

[6] Es ist nicht ganz klar, von wem der Entwurf des Brunnens stammt. Im *Darmstädter Tagblatt* (vgl. ebd.) wird Jobst als Künstler genannt. Laut Roland Dotzert/Klaus Wolbert: *Kunst im öffentlichen Raum. Darmstadt 1641–1994.* Darmstadt 1994, S. 271, stammt der Entwurf von 1911 von Pützer, während Jobst die Ausführung übernommen habe. Karl Heinz Hohenschuh: *Heinrich Jobst, ein Darmstädter Bildhauer aus Bayern.* Darmstadt 2005, S. 25, hält es für möglich, dass Pützer den architektonischen Entwurf geliefert hat. Sicher hingegen ist, dass der Kalksteinbrunnen eine Stiftung des Darmstädter Stadtverordneten Fabrikant Friedrich Schmitt war und 7450 Goldmark gekostet hat.

[7] *Darmstädter Tagblatt,* 31.05.1912, S. 5.

[8] Das Festival erinnerte an den Komponisten und Künstler John Cage, der die Darmstädter Internationalen Ferienkurse für Neue Musik mitprägte und wie der Darmstädter Hauptbahnhof 2012 seinen 100. Geburtstag feierte.

[9] *Die Kunst unserer Heimat. Zeitschrift der Vereinigung zur Förderung der Künste in Hessen und im Rhein-Maingebiet,* Jg. 6, 1912, S. 101.

So wichtig der Pavillon für die Gestaltung des Bahnhofvorplatzes war – seine ursprüngliche Funktion war marginal. Im Lageplan von 1914 ist das Gebäude zwar noch als „Verkehrsbureau" gekennzeichnet, diese Planung wurde aber offenbar nie umgesetzt. Vielmehr verbargen sich hinter der Säulenfassade Bedürfnisanstalt und Abstellraum. Konkret hieß es in der Presse: „In dem Gebäude selbst sind sowohl Aborte für Frauen als auch Aborte für Männer eingerichtet worden und zwischen denen ist neben einem Raum für die Oktroiverwaltung ein Zimmer eingerichtet worden, das noch der Bestimmung harrt."[3] Den ummauerten Hof nutzte die Stadt Darmstadt damals, um Geräte, Handkarren und Straßenbaumaterial des städtischen Tiefbauamtes und anderer Verwaltungen abzustellen.[4] Vorausschauend hatte die Einfriedigungsmauer eine Höhe von 2,7 Metern erhalten, „bei der es nicht möglich ist, die dahinter aufgestellten Wagen usw. von der Straße aus zu erkennen"[5].

Die Mauer, sowohl als Sichtschutz als auch im Hinblick auf die Platzgestaltung wichtig, erhielt auf ihrer Ostseite mit einem städtischen Brunnen einen zusätzlichen Akzent. Der von Heinrich Jobst, einem Künstler der Künstlerkolonie Darmstadt, gefertigte Brunnen[6] – ebenfalls mit steinernen Sitzbänken in den Nischen ausgestattet – war zur Eröffnung des Hauptbahnhofs noch nicht fertig, erfüllte aber den Wunsch der städtischen Verwaltung, die Einfriedigungsmauer „durch Einfügung eines belebenden Momentes zu verschönern."[7] Gestört wurde das geschlossene Ensemble 1958, als in den nordöstlichen Zwickel der Umfassungsmauer ein kleiner Kiosk eingebaut wurde. Für das Verkaufsfenster wurde die Mauer auf einer Länge von 4 Metern durchbrochen. Die vergitterte Öffnung ist noch zu sehen. Eine Erweiterung des Kiosks wurde 1994 nicht genehmigt. Das Festival Cage 100 am Darmstädter Hauptbahnhof[8] und der Darmstädter Architektursommer entdeckten 2012 die Anlage als *hidden place* und nutzten sie temporär unter dem Motto „Cage und Cola" als Biergarten – eine Nutzung, die sich verstetigt hat. So verbirgt sich noch heute hinter den hohen Mauern eine idyllische Gartenoase mit Gartenwirtschaft der Initiative Essbares Darmstadt und haucht dem Pavillon neues Leben ein.

Die veränderte Nutzung des Ensembles, in dessen einstöckigem Gebäude zwischenzeitlich auch ein Versicherungsbüro eingerichtet war, ist aus denkmalpflegerischer Sicht begrüßenswert, die künstlerische Intervention am Säulenportikus ist zumindest reversibel. Pützer hatte das Ensemble bewusst zurückhaltend entworfen. Das betonte er in seinem Vortrag im Rahmen der Hauptversammlung des Darmstädter Verkehrsvereins, in dem er kurz vor der Eröffnung des Hauptbahnhofes über die Bahnhofsanlagen sprach und die Funktionalität seines Entwurfs betonte. Er hielt es für „unzweckmäßig, den Reisenden noch mit Architektur oder mit Gemälden usw. zu belästigen, der mit Zahlen und Geschäften seinen Kopf ohnehin schon voll genug hat". Deshalb hielt er die Gebäude „schlicht, einfach und zweckmäßig", um so der „Gesamtanlage ein durchaus einheitliches architektonisches Bild" zu geben.[9] Vor dem Hintergrund überrascht vielleicht die Verwendung dorischer Säulen, die es übrigens in ähnlicher Form als gebälktragende Säulen auch auf der Terrasse des ehemaligen 1. Klasse-Wartesaals gibt.

Es ist die städtebauliche und platzgestalterische Funktion, die das Ensemble auszeichnet. Erste Veränderungen der langen Sichtachse zwischen Tempelgebäude und Postamt ergaben sich 1955 mit dem Bau des Touristenpavillons vor dem Osteingang des Empfangs-

gebäudes. Der in typischen 1950er-Jahre-Formen erbaute Pavillon musste 2002 den farbigen, auffälligen Warteunterständen weichen. Diese besetzten erneut in Form von groß-
formatigen eigenständigen Elementen die Sichtachse und verliehen dieser eine neue
Prägung.

Aus denkmalpflegerischer Sicht wäre es wünschenswert, den frischen Blick des Stadtfotografen zu nutzen, um dem südlichen Teil des Bahnhofsensembles mit neuer Aufmerk-
samkeit zu begegnen: den Brunnen denkmalpflegerisch instand zu setzen und ihm neues
Leben einzuhauchen, das Gebäude zu restaurieren und auf lange Sicht dem von Pützer
so großzügig geplanten Stadtraum am Bahnhofsvorplatz seinen geschlossenen Charakter zurückzugeben.

Es ist Verdienst und vielleicht sogar Aufgabe des Stadtfotografen, fotografisch auf Situationen aufmerksam zu machen, die aus dem Blick geraten sind. Eine Aufgabe des Denkmalschutzes ist es, historische Situationen in den Blick zu nehmen und deren Wert zu dokumentieren und bewusst zu machen – in der Hoffnung, dass Wissen über Denkmäler das
Verständnis für deren Erhalt fördert.

Luftaufnahme des Pavillons von Süden mit Blick auf die Gartenwirtschaft Die Klause.

Jochen Rahe

Friedrich Pützer aus heutiger Sicht

Friedrich Pützer war ein viel beschäftigter, erfolgreicher Darmstädter Architekt und Hochschullehrer. Großherzog Ernst Ludwig von Hessen und bei Rhein schätzte ihn privat ebenso
wie als Architekt und Stadtplaner. Das war nicht selbstverständlich, denn das große För-
derprojekt des Großherzogs für Wirtschaft und Kultur war zeitgleich die Künstlerkolonie
Darmstadt auf der Mathildenhöhe, die durch das zwischen 1900 und 1914 realisierte Ensemble aus Architektur, Kunsthandwerk und Gartenbau als Lebensreformprojekt alsbald
überregional bekannt wurde. Wichtigstes Medium der Künstlerkolonie für die Öffentlichkeit war die Reihe von vier großen Ausstellungen ab 1901. Pützer war daran nicht beteiligt.
Seine Arbeit in Darmstadt verlief zeitgleich und parallel.

Pützer ist, besonders im Kirchenbau, als Persönlichkeit der Darmstädter Architekturge-
schichte bis heute relativ unbekannt geblieben – trotz seines umfangreichen Werks in
Deutschland mit gewichtigen, bis heute weitgehend erhaltenen oder wiederhergestellten
Bauprojekten. Hierzu zählen der Darmstädter Hauptbahnhof, die Pauluskirche und die
städtebauliche Anlage des Paulusviertels, Bauten für die Firma Merck und für die Technische Hochschule, später Universität, TU in Darmstadt. Alle diese Großprojekte sind noch
heute Teil des Darmstädter Stadtbilds. Leider fehlt die im Krieg beschädigte, aber bis Anfang der 1970er-Jahre bewohnte Merck'sche Arbeitersiedlung. Bei größerer Bekanntheit
und Wertschätzung hätte sie erhalten werden können. Auch die Kirchenbauten, der
Hauptbahnhof und der Turm der TH wurden purifiziert, Teilen ihres Dekors beraubt.

Aus heutiger Sicht ist Pützer wegen seines Interesses und seines feinen Gespürs für die großzügige städtebauliche Einbindung seiner Gebäude besonders interessant. Er sah und plante als Architekt mehr als den Einzelbau. Ihm ging es um das Gesamtgefüge, das Ensemble. Darin, in der Integration seiner Bauten in die Normalität der jeweils umliegenden Stadt, liegt seine Modernität. Während Joseph Maria Olbrich die Mathildenhöhe städtebaulich, landschaftlich und architektonisch formte, gestaltete Pützer mit der ausgeklügelten Planung des Paulusviertels zeitgleich ein den neuesten städtebaulichen Leitbildern folgendes Stadtviertel, das mit der Mathildenhöhe um die beste Lösung wetteiferte.

Dasselbe gilt für das Ensemble des heutigen Hauptbahnhofs, das Pützer mit allen rahmenden Nebengebäuden – auch für den fürstlichen Gebrauch des Bahnhofs – und dem großzügigen grünen Vorbereich entworfen hat. Hier gelang es ihm, nicht Olbrich, den Wettbewerb zu gewinnen. Heute gilt es, den Wert der gesamten Anlage zu erkennen und zu schützen gegen den Anspruch des heutigen öffentlichen und privaten Verkehrsaufkommens, wie es natürlich auch zu einem Hauptbahnhof gehört. Das in den letzten Jahren erst entstandene, architektonisch recht banale Intercity-Hotel nördlich des Hauptbahnhofs und südlich des Postgebäudes stört das Ensemble erheblich und wird dessen städtebaulichem Wert keineswegs gerecht. Hier könnten zumindest die kahlen Parkplätze noch durch eine Baumreihe besser einbezogen werden.

Ein Grundmotiv der Pützer'schen Planung war das kontinuierliche Weiterbauen und Pflegen des Bestands. Leider gibt es derzeit sowohl im Bereich des Hauptbahnhofs als auch bei der Bebauung auf dem Merck-Gelände an der Frankfurter Straße erhebliche Mängel, oder anders gesagt: Möglichkeiten der Optimierung.

Ein allgegenwärtiges Problem des Darmstädter Stadtbilds sind die vielen überdehnten, vielspurigen Straßenverläufe im Stadtgebiet. Das führt zu allzu offenen, „raumlosen" Straßenbildern, wie man sie etwa auch aus Amerika kennt, das auf den Nachkriegsstädtebau in Deutschland großen Einfluss hatte. Nach dem Vorbild Pützers lohnt es sich, hier zumindest stellenweise Geschlossenheit und Zusammenhalt wiederherzustellen. Ein geeignetes Mittel dafür wäre eine ergänzende Baumbepflanzung. Dazu könnte auch der Mut gehören, durch Zeichen und markante Türme, wie sie Pützer selbstbewusst einsetzte, Zusammenhänge im Stadtbild herzustellen. Auch großräumige Kunstwerke im öffentlichen Straßenraum könnten ein geeignetes Mittel sein.

Die ensemblehafte Ausbildung differenzierter, reizvoller Räume hat Pützer mit seinen Darmstädter Kirchen beispielgebend vorgeführt. Das lässt sich an den Vor- und Zugangsbereichen der Pauluskirche (Vorhof, Treppen, Gänge) und ihrer Verbindung zum Pfarrhaus sehr gut studieren – alles zugänglich an Straße und Platz gelegen und damit einladend und offen für jedermann. Das gilt auch für den Zugang zur Bessunger Kirche über den Haupteingang und den zusätzlichen und besonders ausgestalteten Extrazugang für Hochzeiten und ähnliche Anlässe. Und auch die Eberstädter Kirche ist durch einen langen, lichten Zugang im ansteigenden Vorgelände mittels einer muldenartigen Vertiefung auf reizvolle Weise an die städtisch-dörfliche Umgebung angeschlossen.

Für Darmstadt lassen sich im Zuge der beginnenden Moderne architektonisch-städtebauliche Höhepunkte feststellen. Da ist die umfangreiche Planung des klassizistischen großherzoglichen Baumeisters Georg Moller, da sind die Bebauungen durch die Mitglieder der

Künstlerkolonie mit dem „Chefarchitekten" Olbrich und die jeweiligen Ausstellungen der Mathildenhöhe, da sind Pützers Ensembles, und da sind die Wiederaufbauempfehlungen Karl Grubers nach 1945 und schließlich die über das Stadtgebiet verteilten „Meisterbauten" aus den 1950er-Jahren.

Danach sind nur noch wenige nennenswerte, an Persönlichkeiten, Ereignisse oder planerisch weitsichtige Einzelleistungen gebundene Höhepunkte zu verzeichnen, darunter die Kammbebauung entlang der Rheinstraße des ersten Stadtbaudezernenten nach 1945, Peter Grund. Mit Theo Pabsts Kunsthalle wurde 1957 das westliche Entree der Stadt an der Rheinstraße um ein markantes, lichtes Gebäude im Zeichen des Internationalen Stils bereichert, das als Schaufenster der Kunst für Transparenz, Moderne und niedrigschwelligen Zugang zu Kunst und Kultur stehen sollte. Doch die Situation an der Rheinstraße änderte sich ab den 1960er-Jahren grundlegend: Aus der Prachtstraße der Moller-Vorstadt wurde im Laufe der Zeit eine vielspurige Einfallstraße. Als Ein- und Ausgang der Stadt von Westen, von den Autobahnen her, bot sie sich dem rasant zunehmenden Individualverkehr an und leitete ihn direkt ins Zentrum. Diese Fehlentwicklung, die die ehemalige Prachtstraße der Residenz total veränderte, hätte man voraussehen können.

Rolf Pranges Neubau des Staatstheaters am Georg-Büchner-Platz wurde Anfang der 1970er-Jahre realisiert. Es handelt sich hierbei um ein komplexes, innovatives Ensemble aus Theater, Magazin, Platzanlage und Tiefgarage für das Dreispartenhaus, dessen frühere Spielstätte, Mollers Theater am Karolinenplatz, im Zweiten Weltkrieg ausgebrannt war. Es wurde 2002–2006 durch das Büro Lederer Ragnasdóttir Oei saniert und zusammen mit der Platzanlage modernisiert. Heute ist das Ensemble einer der schönsten Orte der Stadt.

Anders das 2007 eröffnete, nach Plänen von Talik Chalabi errichtete Wissenschafts- und Kongresszentrum Darmstadtium. Es ist ein Bau, der eine zu Pützer geradezu komplementäre Architekturhaltung repräsentiert: Er ist nicht städtebaulich gedacht und hat keine gestalterischen Verbindungen zu den Nachbargebäuden, weder zum TU-Hochhaus noch zum Staatsarchiv und auch nicht zum Gegenüber des Schlosses. Wie anders hätte Pützer den Bau gedacht und entworfen! Für eine Rückbesinnung auf Pützers Planungsleistungen ist es an der Zeit. Dazu möchte dieses Buch beitragen.

Anregend könnte in diesem Sinne heute auch das Überdenken des Verhältnisses von Hochschularbeit und Planungspotenzialen der Architekturfakultäten der TU und der Hochschule Darmstadt mit der Stadt sein. Von ihrer hohen Planungskompetenz und ihren bedeutenden Architekten hat die Stadt Darmstadt in den letzten Jahrzehnten kaum Gebrauch gemacht. Das war vor 120 Jahren anders. Pützer hat hier vorbildlich gewirkt.

Die Fotografien Vitus Saloshankas zeigen:

S. 28–36 Hauptbahnhof Darmstadt und Umgebung

S. 38–50 Pauluskirche, Paulusplatz und Paulusviertel

S. 80–83 Pützerhaus auf der Mathildenhöhe

S. 84 Haus Becker-Bornscheuer

S. 85 Haus Leydhecker

S. 86 Haus Dr. Mühlberger

S. 107 Pützerturm der Firma Merck

S. 109 Bismarckdenkmal auf dem Ludwigsplatz

S. 110–113 Uhrturm Pützers

S. 141–146 Bessunger Kirche

S. 149–156 Dreifaltigkeitskirche Darmstadt Eberstadt

S. 159–165 Gustav-Adolf-Kirche in Affolterbach

Abbildungsnachweis:

Abb. S. 179 Alexander Marschall

Abb. S. 124 Archiv der Paulusgemeinde Darmstadt

Abb. S. 59, 78 August Buxbaum (Hg.): *Darmstadt und Umgebung in zweihundert Federzeichnungen.* Darmstadt 1920

Abb. S. 176, 177 Denkmalarchiv Darmstadt

Abb. S. 53 *Deutsche Bauzeitung* 44, 1893

Abb. S. 55 Erwin Marx: *Die neuen Gebäude der Großherzoglich Technischen Hochschule zu Darmstadt. Festschrift zur feierlichen Einweihung der Neubauten am 28. Oktober 1895.* Darmstadt 1895

Abb. S. 70 Sammlung Stephan Darmstadt

Abb. S. 7, 52, 62, 63, 66, 71, 76, 77, 88, 91, 92, 93, 95, 96, 99, 101, 102, 104, 105, 122, 126, 127, 133, 135, 139, 168 Sammlung Familie Windeck

Abb. S. 16, 17, 18, 19, 54, 75, 129, 131, 136 Stadtarchiv Darmstadt

Abb. S. 74 Universitäts- und Hochschulbibliothek Darmstadt

Abb. S. 187 Vitus Saloshanka, Selbstportrait, 2021

Abb. S. 65 Zeiss Archiv Jena

Abb. S. 55 *Zentralblatt der Bauverwaltung* 18, 47, 1898

Abb. S. 57 *Zentralblatt der Bauverwaltung* 20, 57, 1900

Mitglieder der Jury

Brita Köhler

Architekturstudium an der Hochschule Darmstadt, anschließend freie Mitarbeit bei *db – deutsche bauzeitung* und im architekturbild e.V., Stuttgart. Presse- und Öffentlichkeitsarbeit für Auer+Weber, Stuttgart, und Planquadrat Elfers Geskes Krämer, Darmstadt. Seit 2010 Leiterin der Presse- und Öffentlichkeitsarbeit des Deutschen Architekturmuseums, Frankfurt am Main. Mitglied des erweiterten Vorstands von architekturbild e.V. Seit 2016 freie Architekturpublizistin.

Alexandra Lechner

Fotografin und Kuratorin aus Frankfurt am Main. Tätig für Unternehmen und Agenturen. Lehrbeauftragte der Hochschule Darmstadt, Fachbereich Gestaltung, der Hochschule Mannheim und an der Akademie der Bildenden Künste in München. 2004 Gründungsmitglied der „Darmstädter Tage der Fotografie". Für die Fotografietriennale *RAY* ist sie seit 2010 im Kuratorenteam.

Celina Lunsford

Kuratorin und Autorin, spezialisiert auf internationale Tendenzen der Fotografie sowie Fotogeschichte. Seit 1992 ist sie für das Ausstellungs- und Sommerakademie-Programm des Fotografie Forum Frankfurt zuständig. Jurorin unter anderem 2018 für den „Shpilman International Prize" in Kooperation mit dem Israel Museum, Jerusalem. Kuratorin des *Fotofestivals Lodz*, Polen (2011), und des *Lianzhou Festival* in China (2007). Mentorin für Fotografen, etwa in der Joop Swart Masterclass in Amsterdam.

Kris Scholz

Promotion in Soziologie und Erziehungswissenschaften, Heinrich-Heine-Universität Düsseldorf. Studium der Fotografie an der Kunstakademie Düsseldorf bei Bernd Becher. Seit 2004 Professur für Fotografie an der Hochschule Darmstadt. Seine künstlerischen Arbeiten wurden in zahlreichen internationalen Ausstellungen gezeigt, zuletzt in Shenzhen, Peking, Chongqing, Sanya, Lianzhou, im NRW-Forum Düsseldorf, im Museum für Fotografie Berlin und in der Kunsthalle Darmstadt.

Marco Wittkowski

Steinmetzlehre bei einem Steinrestaurator in Bamberg, Fotodesign-Studium an der Fachhochschule Dortmund. Seit 2003 freiberuflicher Kunst- und Architekturfotograf sowie bildender Künstler. Er liebt Beton. Urbane Tristesse fasziniert ihn sehr. Er lebt und arbeitet in Dortmund und leitet dort die Geschäftsstelle des Deutschen Werkbunds Nordrhein-Westfalen.

Regina Stephan DWB
siehe Autoren

Wolfgang Lück (Beisitzer Werkbundakademie)
siehe Autoren

Vitus Saloshanka, geboren 1974 in Minsk, Belarus, kam 2001 nach Deutschland und studierte bis zum Diplomabschluss 2009 Fotografie / Neue Medien an der Fachhochschule Dortmund. Seit 2010 wohnt Saloshanka mit seiner Frau und seinem Sohn in Frankfurt am Main.

2009 wurde seine erste Arbeit *Perpektivenwechsel* im Rahmen von *Pixel-Project: Ruhrgebiet. Fotografische Positionen zur Gegenwart einer Region* im Kunstmuseum Mülheim an der Ruhr gezeigt. 2010 bekam er ein Stipendium der Stiftung Kulturwerk / VG Bild-Kunst für sein erstes Langzeitprojekt *high hopes*. Es erzählt von der Kehrseite des rasanten Wandels in der russischen Stadt Sotschi, des Austragungsortes der Olympischen Winterspiele 2014. Sein Fotobuchdebüt wurde zwischen 2012 und 2014 im Rahmen namhafter Fotobuchfestivals nominiert, u.a. für den „Dummy Award" des Fotobuchfestivals in Kassel, den „Authors Book Award" in Arles, sowie auf den Fotobuchfestivals in Brighton, Paris, Leipzig, Malmö und Tokio. 2016–2020 wurden die Bilder aus dem Buch *high hopes* in der Ausstellung *Not Here Yet* im Zentrum für Gegenwartskunst im Augsburger Glaspalast gezeigt.

Für sein nächstes Ausstellungsprojekt, *Nemunas journey,* erhielt Saloshanka ein Residenzstipendium in Litauen. *Nemunas journey* beschäftigt sich mit der gemeinsamen Geschichte und geteilten Gegenwart der Länder Russland, Litauen und Belarus entlang des symbolträchtigen Flusses Nemunas (Memel). Es geht um Identitätskonstrukte und Identitätssuche, um Fragen kollektiver Erinnerungen und das Trennende auf beiden Seiten der EU-Nordostgrenze. Die Arbeit wurde in drei internationalen Ausstellungen präsentiert, unter anderem in einer Einzelausstellung in der Galerie Prospektas in Vilnius.

Eine künstlerische Auseinandersetzung mit dem aktuellen Thema „Flucht und Neuankunft" führte 2017 zu der Ausstellung *NEW CITIZENS.* Sie zeigte im öffentlichen Raum von Frankfurt am Main während zweier Monate großformatige Porträts von neu angekommenen Migranten. Das Projekt bildete einen Gegenpol zu Darstellung und Wahrnehmung von Flüchtlingen in den Massenmedien und reflektierte strukturelle Veränderungen im Zusammenleben in der Stadt Frankfurt.

2018–2019 widmete sich Saloshanka der Stadtlandschaft selbst. In dokumentarischem Stil erfasste er weite, großstädtische Räume, die täglich von Hunderten von Menschen durchquert und oft als Austragungsort für besondere Veranstaltungen genutzt werden. Diese Orte werden seit dem Anschlag auf den Weihnachtsmarkt in Berlin 2016 sicherheitsbedingt umgestaltet und erinnern den Betrachter auf seltsame Weise an die Komplexität, mit der Vorsichtsmaßnahmen und Angst in das heutige kulturelle Umfeld eingedrungen sind.

Kontakt: Vitus Saloshanka
vitus@saloshanka.com

Autoren

Werner Durth

*1949, Studium der Architektur und Stadtplanung an der Technischen Hochschule (TH) in Darmstadt, der Soziologie und Philosophie an der Goethe-Universität in Frankfurt am Main. Diplom-Ingenieur 1973, Promotion zum Dr.-Ing. 1976, Wissenschaftlicher Mitarbeiter am Institut für Soziologie an der TH Darmstadt. Ab 1981 Professur für Umweltgestaltung an der Gutenberg-Universität Mainz, 1993 Professur für Grundlagen moderner Architektur und Entwerfen an der Universität Stuttgart, 1998 bis 2017 Professur für Geschichte und Theorie der Architektur der TU Darmstadt. Zahlreiche Veröffentlichungen zur Geschichte der Architektur und Stadtplanung. 1992 Schelling-Preis für Architekturtheorie, 2004 Fritz-Schumacher-Preis für Stadtforschung, 2019 Literaturpreis des Verbandes Deutscher Architekten- und Ingenieurvereine.

Gerlinde Gehrig †

Kunsthistorikerin, Privatdozentin für Kunstgeschichte an der Goethe-Universität in Frankfurt am Main, freie Mitarbeiterin des Hessischen Landesmuseums Darmstadt. Autorin von *Friedrich Pützer und das Paulusviertel in Darmstadt*, (Quellen und Forschungen zur hessischen Geschichte, Band 169. Darmstadt/Marburg 2014; „Friedrich Pützer und der Reformkirchenbau in Darmstadt: Die Pauluskirche, Umbau der Kirchen in Bessungen und Eberstadt, das Projekt der Reformationskirche", in: *AHG NF*, Nr. 73, 2015, S. 349–380; „Die Residenz als Gartenstadt: Großherzog Ernst Ludwig und die Neugestaltung Darmstadts", in: *AHG NF*, Nr. 74, 2016, S. 153–171.

Bärbel Herbig

*1965, Studium der Kunstgeschichte sowie der Mittleren und Neueren Geschichte an der Goethe-Universität in Frankfurt am Main und der Philipps-Universität in Marburg; Magisterarbeit zu *Chorturmkirchen in der Wetterau*; Promotion mit der Dissertation *Die Meisterbauten in Darmstadt. Ein Beitrag zur Architektur der 50er Jahre*; Aufbaustudium Denkmalpflege an der Otto-Friedrich-Universität in Bamberg; seit 1993 Angestellte der Wissenschaftsstadt Darmstadt, Untere Denkmalschutzbehörde. Publikationen zu unterschiedlichen Darmstädter Themen.

Nikolaus Heiss

*1943, Studium der Architektur an der TH Darmstadt. 1971–1981 Tätigkeit als angestellter und Freier Architekt in Darmstadt, Entwürfe und Ausführung mehrerer Wohnhäuser in Darmstadt und München, Sanierung historischer Gebäude, Bearbeitung von Bebauungs- und Flächennutzungsplänen und Vorbereitende Untersuchungen für Sanierungsgebiete, städtebauliche und Gestaltungsplanungen in freier Mitarbeit für die Stadt Darmstadt. 1981–2010 Leiter der Unteren Denkmalschutzbehörde der Stadt Darmstadt. Lehraufträge, Vorträge, Führungen und mehrere Publikationen sowie Mitautor der *Denkmaltopographie Stadt Darmstadt*. Architekturfotografie seit 1986. Seit 2008 Berater für die Mathildenhöhe und Mitglied im Team Welterbe.

Olaf Köhler

*1968, Studium der Architektur und Stadtplanung an der Technischen Hochschule (TH) in Darmstadt. Seit 2019 Leiter der Denkmalschutzbehörde der Wissenschaftsstadt Darmstadt. Zuvor Bezirkskonservator beim Amt für Bau- und Kunstdenkmäler der Provinz Südtirol (2011–2014) und in der kirchlichen Baubetreuung und Denkmalpflege der Evangelischen Kirche in Hessen und Nassau (2014–2018). Auseinandersetzung mit denkmalpflegerischen Fragestellungen profaner wie auch sakraler Bauten.

Als Architekt in der praktischen Denkmalpflege war er an der Sanierung und Restaurierung denkmalgeschützter Objekte wie dem Alten Rathaus von Sexten, dem Alten Krankenhaus in Meran, dem Ansitz Mauracherhof in Bozen und dem Kloster Neustift bei Brixen, Südtirol, beteiligt. Lehrauftrag am Institut für Städtebau und Raumplanung der Leopold-Franzens-Universität, Innsbruck, Österreich.

Wolfgang Lück

*1938, Studium der Evangelischen Theologie in Münster, Mainz und Zürich. Vikariat und Examina in Westfalen. 1968–1983 Tätigkeit im Gemeindepfarramt Wiesbaden. 1976 Promotion. 1983–2003 Leitung der Arbeitsstelle für Erwachsenenbildung der Evangelischen Kirche in Hessen und Nassau in Darmstadt. 1995 Habilitation. 2006–2015 ehrenamtliche Leitung der Stadtakademie Darmstadt. Veröffentlichungen unter anderem zu Kirchentheorie, Protestantismus, religiöser Erwachsenenbildung, evangelischem Kirchenbau und Ikonografie; zuletzt im Rahmen des Stadtfotografen-Projekts der Werkbundakademie Darmstadt: mit Michael Groblewski und Helge Svenshon *Georg Moller (1784–1852). Bauten und Projekte des großherzoglichen Baumeisters in Hessen-Darmstadt* (Berlin 2015), und zusammen mit Friedhelm Kühn und Jochen Rahe *Kulturelle Mitte Darmstadt. Ein kritischer Stadtführer* (Berlin 2019).

Jochen Rahe DWB

*1943, Studium der Stadtsoziologie und Regionalplanung in München und London. Aufbau Frankfurter Forum für Stadtentwicklung e.V. (Diskussionsforum), Weiterbildung für Architekten und Öffentlichkeitsarbeit im Auftrag der Architektenkammer Hessen in den 1970er-Jahren. Freiberufliche Sozialplanung (Sanierungsgebiete nach Städtebauförderungsgesetz) in Bayern und Hessen. Sachbuchlektor im Piper Verlag München; Geschäftsführung Deutscher Werkbund e.V. in Darmstadt, unter anderem auch Herausgeber der Werkbundzeitschrift *WerkundZeit* in vier Jahresbüchern und von einem Werkbundbrief (1980er-Jahre). Aufbau von Designförderung und -forum in Bremen im Auftrag des Bremer Wirtschaftssenators. Gründung Verlag Jochen Rahe und publizistische Tätigkeit (seit den 1990er-Jahren). Leitung Werkbundakademie Darmstadt.

Jula-Kim Sieber DWB

*1979, Studium der Architektur in Dresden und Madrid. Ausgedehnte Reisen und Arbeitsaufenthalte in Europa, Südamerika, Afrika und Asien. 2008–2012 Lehrbeauftragte an der TU Darmstadt. 2011 initiierte sie die interdisziplinäre Sommerakademie „PoolPlay" mit künstlerischer Forschung zu Raum und Zeit. Seit 2013 spielt sie als julakim zeitgenössische Weltmusik, lebt und arbeitet als Architektin und Musikerin in Darmstadt. 1. Vorsitzende der Werkbundakademie Darmstadt e. V.

Regina Stephan DWB

*1963, Studium der Kunstgeschichte, Neueren Geschichte und Didaktik der Künste an der Ludwig-Maximilians-Universität in München. 1992 Promotion zum Dr. phil. 2000–2008 Postdoc am Fachgebiet Geschichte und Theorie der Architektur der TU Darmstadt, seit 2008 Professur für Architektur- und Stadtbaugeschichte, Hochschule Mainz. 2010 Kuratorin der Olbrich-Retrospektive des Instituts Mathildenhöhe, Darmstadt, und Mitherausgeberin des Katalogs *Joseph Maria Olbrich, 1867–1908. Architekt und Gestalter der frühen Moderne* (Ostfildern 2015); Herausgeberin von *„in die Umgebung hineingedichtet". Bauten und Projekte des Architekten, Städtebauers und Hochschullehrers Friedrich Pützer (1871–1922)* (Baunach 2015). Mitglied unter anderem im Advisory Board Welterbebewerbung Mathildenhöhe Darmstadt, Landesdenkmalbeirat Rheinland-Pfalz und von ICOMOS Deutschland.

Dank

Ein Projekt wie das vorliegende ist nicht zu realisieren ohne Mitmenschen, die sich dafür begeistern lassen, die es mitgestalten und mittragen. Ihnen allen gebührt unser herzlichster Dank:

den Mitautoren Werner Durth, Gerlinde Gehrig, Nikolaus Heiss, Bärbel Herbig, Olaf Köhler, Jochen Rahe und Jula-Kim Sieber;

dem Hochschularchiv der Technischen Universität Darmstadt unter Annegret Holtmann-Mares für die kollegiale Unterstützung des Projekts;

Familie Windeck dafür, dass sie so freundlich war, uns die Fotos und das Aquarell des TH-Turms aus Friedrich Pützers Nachlass für die Publikation zur Verfügung zu stellen, wodurch das Konzept „Pützer – Saloshanka" erst zum Tragen kommen konnte;

der Paulusgemeinde Darmstadt für die Möglichkeit, in ihren Räumen zu tagen;

dem Team von Hessen Design e.V., weil es uns die Ausstellung der Fotoarbeiten im Haus auf der Mathildenhöhe in Darmstadt ermöglichte.

Für die gute und konstruktive Zusammenarbeit und die finanzielle Förderung des Projekts „12. Darmstädter Stadtfotograf 2020" danken wir der Wissenschaftsstadt Darmstadt, der Bürgerstiftung Darmstadt, der Kurt und Lilo Werner RC Darmstadt Stiftung, der Merck'schen Gesellschaft für Kunst und Wissenschaft e.V., der Jubiläumsstiftung der Sparkasse Darmstadt sowie der Sparkasse Darmstadt. Ohne die großzügige Förderung der genannten Institutionen hätte der hohe Anspruch an die Erstellung von Buch und Ausstellung nicht umgesetzt werden können, den das für das Projekt verantwortliche Team von Anfang an geltend gemacht hat.

Ein besonderer Dank gilt dem Fotografen Vitus Saloshanka, der die Autoren mit seinen fotografischen Blicken auf Pützers Werk kreativ angeregt und den langen Prozess bis zur Fertigstellung der Publikation und der Ausstellung professionell begleitet hat.

Impressum

© 2021 by jovis Verlag GmbH
Das Copyright für die Texte liegt bei den Autoren.
Das Copyright für die Abbildungen liegt bei den Fotografen/Inhabern der Bildrechte.

Umschlagmotiv: Vitus Saloshanka, Der Fürstenbahnhof in Darmstadt
Lektorat: Miriam Seifert-Waibel
Visuelles Konzept, Gestaltung und Satz: Martina Voegtler DWB
für punkt komma strich design – büro für visuelle kommunikaton, Offenbach
Gedruckt in der Europäischen Union

Bibliografische Information der Deutschen Nationalbibliothek
Die Deutsche Nationalbibliothek verzeichnet diese Publikation in der Deutschen
Nationalbibliografie; detaillierte bibliografische Daten sind im Internet über
http://dnb.d-nb.de abrufbar.

jovis Verlag GmbH
Lützowstraße 33
10785 Berlin

www.jovis.de

jovis-Bücher sind weltweit im ausgewählten Buchhandel erhältlich. Informationen
zu unserem internationalen Vertrieb erhalten Sie von Ihrem Buchhändler oder unter
www.jovis.de.

ISBN 978-3-86859-654-0